>> 一册在手　从容应对

U0850903

突发事件舆情应对指南

[第3版]

曾胜泉◎著

南方日报出版社
NANFANG DAILY PRESS
中国·广州

图书在版编目（CIP）数据

突发事件舆情应对指南 / 曾胜泉著. — 广州 :南方日报出版社, 2012.4（2023.9重印）
ISBN 978-7-5491-0554-0

Ⅰ. ①突… Ⅱ. ①曾… Ⅲ. ①紧急事件－舆论－研究－中国－指南 Ⅳ. ①D63-62②C912.63-62

中国版本图书馆 CIP 数据核字(2012)第 055297 号

突发事件舆情应对指南　　曾胜泉　著

出版发行：南方日报出版社
地　　址：广州市广州大道中 289 号
电　　话：（020）87360640
经　　销：全国新华书店
印　　刷：广州市怡升印刷有限公司
开　　本：787mm×1092mm　1/16
印　　张：14
字　　数：180 千字
版　　次：2012 年 4 月 1 版
印　　次：2023 年 9 月第 13 次印刷
定　　价：30.00 元

投稿热线：（020）87360640　读者热线：（020）87363865

目录

序　言

舆情应对，党政干部必修课

◎曾胜泉

少女投河自尽，证据确凿无疑，为何导致群体聚集骚乱，纵火烧毁县政府大楼（贵州瓮安事件）？

厨师跳楼身亡，留有遗书为证，缘何引发万人围观堵路，多次与警察发生冲突（湖北石首事件）？

城市停水4天，本是水源污染，因何滋生地震即发传闻，诱使市民抢购食品（哈尔滨停水事件）？

…………

深刻省察，教训之一就是：舆情应对不力，谣言惑众酿祸！

痛定思痛，警示莫不表明：舆情应对关乎事件处置、社会稳定和党委政府形象，是检验执政能力的重要指标；提高舆情应对能力和水平，理当成为党政干部的必修课。

舆情应对关乎事件处置

当前，我国正处于经济社会深刻转型的多元多变时代，观念交锋尖锐激烈，利益博弈复杂敏感，矛盾问题集中凸显，突发事件易发高发，舆情态势日益严峻。特别是随着微博、微信、微视、智能手机等信息技术的迅猛发展和普及应用，媒体无处不在、无时不在、无孔不入，人人都有麦克风，个个都是发言人，信息传播和舆论生成的渠道之多、速度之快前所未有，公民表达诉求和意见建议的热情之高、力度之大闻所未闻，使互联网成为当下中国面临的一个“最大变量”。事实证明，网络“戾气与温情同在”，既可扮演正能量的“扩音器”，又能充当负舆论的“搅拌机”。故此，网络这把“双刃剑”为舆情应对创造了难得的机遇和条件，更带来了严峻的考验与挑战。

突发事件发生后，多半会受到媒体聚焦和网民围观，政府处置事件的一举一动都处在舆论聚光灯下和公众眼皮底下，极易引发热议，成为公共热点。这既有助于实现“四两拨千斤”的积极效果，促进公开公正处置事件，增强政府公信力，也可能造成“一丑伤百俊”的不良影响，仅因某些失误引发“舆论审判”而干扰事件处置，损害政府形象。

作为突发事件处置的重要环节，舆情应对与事件处置相辅相成、缺一不可，必须密切配合、同步推进。如事件处置不当，就会推波助澜，恶化舆情，陷入舆论漩涡；若舆情应对失误，则会平添质疑，助长谣言，影响事件处置。换言之，两者相伴相随、互为表里：事件处置得好，舆情自会应声平息；舆情应对得当，亦可促进事件处置。

舆情应对讲究方法

舆情应对包括信息报送、舆情研判、新闻发布、舆论引导、媒体沟通等方法。方法对头，事半功倍，舆情得以及时化解；方法不对，事倍功半，甚至事与愿违，眼睁睁看着舆情升级恶化而徒唤奈何。

“工欲善其事，必先利其器。”只有熟悉各类媒体特点和社会公众心理、懂得信息传播和舆情形成规律、掌握舆情应对策略和技巧，才能在突发事件舆论博弈中占据主动，促进事件快速有效处置。

这方面，成功经验很多，惨痛教训也不少。如汶川大地震、上海地铁追尾等事件处置中，政府深谙舆情应对真谛，及时滚动发布信息，积极回应社会关切，赢得公众信任支持，有力促进了事件处置工作；而贵州瓮安少女投河、湖北石首厨师跳楼等偶发孤立个案，之所以演变成令人扼腕叹息的群体暴力事件，就缘于当地基层政府舆情意识淡薄，起初反应迟缓、坐失良机，继而惊慌失措、应对乏术，导致谣言肆虐、混淆视听，激化群体积怨，点燃公众怒火。

● 2009年，湖北石首“6·17”群体性事件现场。

事实证明，及时准确、公开透明、沟通互信，乃舆情应对之要诀；犹豫观望、封堵回避、欺骗隐瞒，为舆情应对之大忌。

舆情应对离不开舆情收集研判。要在突发事件舆论较量中赢得主动，就必须以敏锐的信息触觉和高度的政治敏感，从各种渠道捕捉处于青蘋之末的重要舆情，全面深入分析，准确科学判断，提出对策建议，助力事件处置。

本书力求科学实用

《人民日报》在评论2013年8月19日习近平总书记在全国宣传思想工作会议上的重要讲话精神时指出：“看一个领导干部是否成熟、能否担当重任，一个重要方面就看他重不重视、善不善于抓宣传思想工作……只有善于在众声喧哗中明辨主流支流，善于从百家争鸣中把握真实民意，把重大决策部署宣传到位，把涉及群众利益的政策解释到位，把群众关注的热点引导到位，才能真正做到解疑释惑、活血化淤、疏导情绪、平衡心理，从而实现党和政府‘无形资产’的增值。”但毋庸讳言，在实际工作中，仍有一些领导干部“不会说、不愿说、不敢说”，害怕“说错话”，面对社会关切不回应，面对公众质疑不澄清，面对群众诉求不解释，以为当“鸵鸟”就能蒙混过关，就能取得群众信任，其结果，不仅导致党委政府形象受损，而且容易使小问题变成大事件，小矛盾酿成大危机。故此，面对迅猛发展的新媒体及其与日俱增的传播力、影响力、公信力，面对各阶层不断增强的知情欲望、监督意识和表达能力，领导干部要确保党和政府的“无形资产”增值，关键之一就是要掌握事关社会稳定和党政形象的舆情应对本领。这也是推进国家治理能力现代化的题中应有之义。

“不日新者必日退。”为了给党政机关、企事业单位及其工作人员做好突发事件舆情应对提供切实管用的科学指引，笔者在深入分析突发舆情演变规律、系统研究舆情应对案例、吸收借鉴国内外相关经验的基础上，撰写了全国第一本《突发事件舆情应对指南》，并征求了有关专家学者和实际工作者的意见。2012年3月此书面世，反响良好。为了更好地体现全书体系的完整性、见解的新颖性和方法的实用性，笔者再次予以修订充实，融入了大量新案例新感悟新思路。

当然，现实突发舆情远比书中所言复杂，有很多意想不到的因素对突发舆情产生着影响，而这往往无法全面、准确预测；同时，网络技术应用日新月异，对微博、微信等传播力强大的社交媒体，全世界尚无成功的管理经验可循，其对现实社会的深刻影响难以预料、难以想象。故网络传播规律和舆情演变路径有待进一步探索研究，此书仍将在笔者与时俱进的观察思考中不断修改完善。

全书分为以下八个章节：

第一章为舆情应对原则，阐述突发事件舆情应对应遵循及时准确、公开透明、规范有序、科学适度的基本原则；

第二章为舆情收集指南，介绍收集机构、渠道、手段和环节；

第三章为舆情研判指南，传授甄别信息真伪、分析深层原因、判断舆情走势、提出对策建议的常识和方法；

第四章为舆情报送指南，指明如何及时、准确、持续报送舆情信息以及怎样编写舆情报告；

第五章为信息发布指南，讲述发布主体、时间、地点、形式和要求；

第六章为媒体服务指南，详谈怎样做好记者接待、现场管理、采访应对和关系处理；

第七章为舆情引导指南，阐释引导主体、时机、态度和方法；

第八章为舆情处置机制，讲解工作机制和保障机制。

文风须务实致用。本书融理论阐释、案例分析、技巧传授于一体，力求言之有物、持之有据、生动悦读，体现思想性、针对性、实用性，助提预警力、研判力、处置力。希望能使广大读者开卷有益，切实提高舆情应对能力。本书亦可供大中专院校相关专业教学参考之用。

由于笔者水平有限，本书在概念诠释、理论提炼、实证分析、材料运用、方法归纳等方面还有诸多不足，有关舆情应对的理论和实践问题尚需深入研讨，敬请读者不吝匡谬扶正。

第一章

舆情应对原则

阐述突发事件舆情应对原则之前，先简介本书所指突发事件及舆情的含义与范畴。

突发事件是指突然发生，造成或可能造成人员伤亡、财产损失、环境破坏和社会危害，需要采取应急处置措施予以应对的紧急事件。突然爆发、情势紧迫、变化难料、危害严重、关乎公众利益、社会关注度高等是其主要特点。

根据性质和机理不同，突发事件主要分为以下五类：

一是自然灾害，主要包括水旱灾害、气象灾害、地震灾害、地质灾害、海洋灾害、生物灾害和森林草原火灾等；

二是事故灾难，主要包括安全生产事故、交通运输事故、公共服务设施安全事故、火灾事故、网络安全事故、环境污染和生态破坏事故等；

三是公共卫生事件，主要包括传染病疫情、群体性不明原因疾病、食品问题、职业危害、动植物疫情，以及其他严重影响公众健康和生命安全的事件；

四是社会安全事件，主要包括群体事件、刑事案件、恐怖袭击事件、经济安全事件和涉外突发事件等；

五是其他突发事件，主要指突然发生，引起或可能引起政府形象危机，需要及时处置的其他公共事件。

舆情是舆论情况的简称，是人们对现实社会中各种事件、现象和话题所表达的信念、态度、意见、建议、情绪等的总和，是民意的一种综合反映。换言之，民意是舆情的基础，舆情是民意的“晴雨表”。但舆情未必能全面、真实、准确、客观地反映民意，具有一定的偏差性，故并不完全等同于民意。

舆情可作如下划分：

按照内容不同，分为政治性舆情、经济性舆情、文化性舆情、社会性舆情和复合性舆情；

按照传播渠道，分为口头舆情、网络舆情和其他媒体舆情；

按照信息构成，分为事实性舆情和意见性舆情；

按照存在形式，分为显性舆情和隐性舆情；

按照形成过程，分为自发舆情和自觉舆情；

按照社会效果，分为正面舆情和负面舆情；

按照地理空间，分为境内舆情和境外舆情。

亦有人将舆情种类细分为事件型、话题型、意见型、建议型、议论型、争论型、称赞型、情绪型、呼吁型、分析型等。

突发事件舆情应对应遵循哪些原则？简而言之，就是及时准确、公开透明、规范有序、科学适度。

第一节　及时准确

公众高度关注突发事件，媒体视突发事件为争夺受众的重大题材，都希望第一时间获知突发事件的准确信息。而便捷、快速的网络媒体与突发事件有着先天的契合性，可以即发新闻、滚动播报，使之瞬间扩散和广泛覆盖，数小时内就能传遍全网，成为舆论热点。因此，突发事件发生后，政府部门如果不及时发布权威信息，正确有效引导舆情，网上谣言传闻就会如病毒复制般迅速传播蔓延，误导社会公众，导致事态扩大。事实上，在新媒体时代，信息传播格局、社会舆论生态和公众参与方式已经发生了深刻变化，事件一旦发生，公众就会迫不及待地传播信息、设置议题。综观近年来影响较大的突发事件，相当部分都是由“业余记者”率先在网上爆料，继而发酵扩散，博得传统媒体跟进报道和评论，很快街知巷闻，成为公共热点。

那么，政府是否可以放任媒体自由报道突发事件呢？不能！因为当今传媒市场化时代，媒体的报道与政府的意图并非总是完全吻合，政府追求的是事件的成功处置和社会的安定有序，而部分媒体为了赚足眼球，赢得市场，侧重于挖掘内幕真相，制造轰动效应，两者很可能发生冲突。特别是近年来，有些媒体强调要发挥“社会公器”的作用，不断加大对政府处置公共事件的监督力度，极易因时机和分寸把握不当影响处置工作。因此，突发事件发生后，政府要及时反应，准确发声，影响媒体报道基调，掌控事件舆情走向。

及时准确是新闻报道的生命线，也是突发事件舆情应对的首要原则。按此原则，政府必须第一时间赶到事发现场，第一时间了解事件情况，第一时间落实责任主体，第一时间制定对外口径，第一时间发布准确信息，第一时间跟踪研判舆情，第一时间设置传播议程，第一时间组织权威评论，第一时间坦诚对待公众，第一时间回应社会关切，第一时间开展民意互动，第一时间进行问责处理，从而抢占第一落点，形成“首声效应”，牵引舆论导向。只有这样，才能稳定公众情绪，避免谣言流传，把握事件处置话语权，赢得舆情引导主动权。

事实证明，面对公共危机事件，政府如能迅速了解真相，及时准确发声，抢占舆论先机，防止谣言滋生，往往可以化危为机。2011年6月26日，天涯社区一篇题为《太假了，我县的宣传图片》的帖子，爆出四川凉山自治州会理县政府公共信息网上一则题为“会理县高标准建设通乡路”的新闻，配图是电脑合成的PS照片，正在视察的3位县领导“悬浮”在公路上。这张“悬浮照”旋即被网民转发示众，迅速蹿红网络，引发网民一边倒的批评谴责和“有些干部能耐大，脚不沾地能视察”之类的嘲讽挖苦。有的网民还仿效发起“全民PS大赛”网络恶搞活动，甚至把该县领导“悬浮”到月球上，“站”在登月第一人阿姆斯特朗的身后，仿佛在聆听对方那句名言：“我的一小步，却是人类的一大步。”一夜之间，会理这个名不见经传的西部小县成为全国众多网民围观的焦点。

面对突如其来的危机事件，会理县政府快速反应，巧妙处置。

● 四川会理领导“悬浮”视察照。

翌日下午，县领导“悬浮照”曝光仅一天，县政府就在新浪开通官方微博，诚恳表示“网友的质疑是对的”，并向公众道歉。照片发布者孙正东也开通微博，向社会各界表示歉意，并顺着网民心理，自我调侃，轻松互动，保证“在今后工作中绝不再发生类似情况”；随后，他在网上发布一组会理县的美丽风景照，顺势将网民的眼球引向对该县旅游资源的宣传推介上。这一系列举动获得了网民的充分理解与普遍赞赏，不但成功化解了一场来势汹涌的舆情危机，还意外提高了会理县的知名度和美誉度。有网民将此化“危”为“机”称为因“祸”得“福”。

在突发事件舆情应对中，政府不仅要第一时间介入，第一时间发声，而且在事件处置整个过程中都要及时准确地回应舆论关切。2008年2月，湖南省平江县石牛寨旅游开发有限公司负责人盛某为了吸引游客，趁陕西镇坪县华南虎照片造假事件闹得沸沸扬扬之际，计划运一只圈养东北虎到石牛寨风景区拍摄影像资料进行商业炒作，并向该县旅游局局长田某提出这一想法。田某表示支持，遂将县电视台记者吴某介绍给盛某。3月1日晚，盛某从长沙石燕湖公园将一只圈养的东北虎运到石牛寨，安放于山上。3月2日上午，吴某对东北虎录制了19秒钟影像。3月19日，在盛某安排下，吴某又到石牛寨风景区转了一圈，至上午9时许下山，称发现了老虎，并向当地村民播放2日录制的影像。一时间，石牛寨发现“疑似华南虎”的消息不胫而走，引发媒体铺天盖地的报道和质疑。

湖南平江县“疑似华南虎”照。

湖南省委省政府对此高度重视，要求迅速调查，公布真相。省委宣传部、省政府新闻办、省林业厅及岳阳市、平江县两级党委政府当即启动突发事件舆情应对机制，事发第4天查清造假真相，第7天对责任人做出严肃处理，期间连发5篇新闻通稿，牢牢把握了事件处置的舆论主导权，成功地将负面炒作苗头扭转为正面积极舆论，政府形象不仅没有受损，反而得到提升，赢得各方好评。

及时发布信息，也是驱赶谣言、消除恐慌的利器。2008年5月12日14时28分四川汶川发生地震时，北京地区有震感，随即有网帖传谣说“北京12日晚将发生地震”。针对这一情况，新华社立即采访北京地震局值班室并及时播发权威消息——“近期北京地区不会发生5级以上破坏性地震”，迅速消除了人们的恐慌情绪，稳定了社会人心。假如权威消息迟到，地震谣言就可能掀起“龙卷风”，影响京城社会稳定。由此观之，及时告知人们事实和真相，体现的既是舆情应对水平，也是“新闻执政”能力。

可见，面对争分夺秒的网络传播态势，舆论博弈在很大程度上就是时间和速度的竞争，谁发声早、发声快，谁就能抢占先机，掌控舆论制高点和主动权；反之，谁就会丧失时机，陷入被动挨打的舆论窘境。

第二节　公开透明

渴望真相是人的天性，尤其是进入“人人成为自媒体”的网络时代，真相仿佛成为每个人都唾手可得的东西，探寻真相似乎也成为一场场侦探游戏，迸发出全民狂欢的气场，导致真假难分、刺激眼球的“内幕揭秘”充斥网络。因此，突发事件发生后，如果不及时公开真实情况，一些捕风捉影的小道消息甚至谣言就会在网上迅速传播，给事件处置和政府声誉带来负面影响。早在1906年，“现代公共关系之父”、美国著名记者艾维•李就在其公开发表的《公共关系活动原则宣言》中指出：“坦率而公开地向报界和公众提供迅速而准确的消息是处理公共危机的关键。”英国著名危机管理专家迈克尔・里杰斯特在《危机管理》一书中也强调了主动充分披露危机信息的极端重要性：“现代组织处在一个其活动透明度日益增大的时代里。若一个组织不能就其发生的危机与公众进行合适的沟通，不能告诉社会它面对灾难局面正在采取什么补救措施，不能很好地表现它对所发生事故的态度，这无疑将会给组织的信誉带来致命的损害，甚至有可能导致组织的消亡。”

的确，突发事件发生后，信息是否公开透明，能否满足公众知情权和监督权，对于化解危机至关重要。越公开透明，公众获得的信息越多，社会上的谣言就越少，公众对政府及有关部门的信任度就越高；反之，信息不对称、不透明，人们的一些猜测想象就会在谣言中得到“印证”而加深，逐渐固化成条件反射式的成见，任凭政府如何辟谣都难以服众。无数正反事例表明，突发事件能否顺利处置与相关信息的公开透明度密切相关，透明度越高，公众情绪就越稳定，事件处置就越顺利。

正因如此，2007年11月1日实施的《中华人民共和国突发事件应对法》明确规定，各级政府部门必须及时、准确、全面、客观地发布有关突发事件的新闻信息，对于因瞒报、谎报、迟报、漏报而延误处置时机或造成重大影响的，要追究相关人员的法律责任；2008年5月1日实施的《中华人民共和国政府信息公开条例》强调指出，突发公共事件的应急预案、预警信息及应对情况应重点公开。这些法律和条例的颁布实施，扩大了政府信息公开的广度和深度；“公开为原则，不公开为例外”，已从理念化为现实，成为舆情应对的社会共识。

按照公开透明原则，除涉及国家秘密、商业秘密、个人隐私等依法需要保密的信息外，政府要把突发事件的人员伤亡、财产损失、发生原因、处置过程和结果等信息，根据其危害程度和影响范围，及时通过相应的大众媒体公之于众，最大限度地保障公民的知情权和监督权。

但现实情况是，一些害怕家丑外扬的地方官员，总是千方百计以“维护形象”“确保稳定”为由压制媒体报道突发敏感事件，对本地媒体下封杀令，对外地记者则软硬兼施，贿赂堵嘴不成，就威胁、恐吓，甚至殴打拘留、跨省抓捕。殊不知在真相面前，所有的封堵手段都只是经不起时间推敲的障眼法。据《南方都市报》报道，2007年11月27日江苏响水县联化科技公司发生数十人死伤的爆炸事故，该县对来访记者实行软禁、监视、跟踪、贿赂，对线人威胁利诱，封锁事故现场，并美其名曰“为新闻协调工作赢得主动权”。由于“措施得力”，大批前往采访的记者只能望而兴叹，铩羽而归。但当地政府万万没有想到，虽然精心布下天罗地网，还是没能做到密不透风，最终被没有记者证的“业余记者”知根知底地将事件的来龙去脉和盘端到网上，使真相大白于天下。

河南林州市民警郭增喜摔婴案也因当地瞒报被曝光而引起社会强烈关注。2013年7月18日晚，郭增喜酒后上街时遇见一对夫妇抱着出生7个月的婴儿，在没有任何争执的情况下，他将婴儿夺走高举过头摔在地上，致其重伤。事发后，林州市公安局未按规定上报案情。岂料，8月17日，北京法制晚报网率先披露此事，迅即引起媒体和公众的高度关注与强烈谴责。22日，郭增喜因涉嫌故意伤害罪被依法批捕；23日，林州市公安局局长魏书平等人受到党纪政纪处分。魏书平坦承，捂盖子“主要考虑的是公安队伍的形象和人民警察的声誉”。但事与愿违，不及时立案甚至瞒报案情等行为，不但没有达到维护当地公安形象的目的，反而严重损害了自身形象，实在是得不偿失。

响水、林州的教训说明，在“人人都有麦克风”“人人都是通讯社”的全民自媒体时代，每个公民都有发言权，都可能成为信息发布和意见表达的主体。任何突发事件一旦发生，政府部门都不要幻想能够封锁消息、捂住盖子，网络独特的传播优势已经让传统的信息控制手段纷纷失效：堵了一个记者的口，堵不了所有记者的口；堵了所有记者的口，堵不了互联网上亿万网民的口。任何压制负面舆论的速度都比不过信息扩散的速度，任何被掩盖的问题和真相都会被网民合力挖掘出来。正如2012年3月全国“两会”期间，时任中共中央政治局常委李长春参加海南人大代表团审议时所言：“有点不好的地方就想捂住，反倒会越描越黑。”“从大量实践来看，应对公共突发事件的最好办法还是公开透明。这也是社会进步的一个重要标志。”因此，只有以开放的心态和胸怀，改堵为疏，主动、全面、高频率、多渠道把事件信息有序发布出去，才能满足媒体报道需求和公众知情欲望，压缩谣言猜测和负面舆论空间，赢得舆情引导主动权。

2007年夏天，江苏无锡市太湖蓝藻突然疯长，大量蓝藻迅速腐烂，形成恶臭渗入无锡自来水厂。无锡市大部分市民家中的自来水水质突然发生变化，并伴有难闻气味，无法正常饮用，市民纷纷抢购纯净水，用于洗手、洗脸、做饭甚至洗澡。在事件处置中，无锡市政府做到了三个“透明”：一是政府应对过程透明。媒体及时报道政府所做的努力，市民每天都能从报纸电视上了解政府应对危机的决策和措施。二是水情变化透明。媒体连续发布水质监测通报，让市民充分了解水质变化情况。三是城市整体状况透明。媒体全方位报道市场、医院、学校、家庭以及其他人群积极应对水危机的行动，营造全市上下齐心协力、众志成城的良好社会舆论氛围。正是无锡市政府秉承信息公开理念，主动发布真相，不遮、不掩、不盖、不瞒，用事实说话，以行动证明，才取得了市民的信任和支持，让市民主动与政府一起抗击水危机。

● 2007年5月27日，蓝藻处理专业设备正在太湖边处理蓝藻。

山西屯兰“2·22”矿难的成功处置，同样得益于信息公开透明。2009年2月22日凌晨2时20分，山西焦煤集团西山煤电集团公司屯兰矿一工作面发生特大瓦斯爆炸。焦煤集团、西山煤电、屯兰矿立即启动事故应急救援预案，两级集团公司领导火速赶赴现场，组织成立9个工作组，全力开展抢险救援、医疗救治、矿区维稳、舆论引导和善后处理等工作。其中，新闻应急工作组确定了“统筹协调、公开透明、开放有序”的舆论引导工作原则，统一对外发布抢险救援、人员伤亡、事故原因、善后处理等情况，并严格遵循“不隐瞒事故真相、不隐瞒事故大小、不隐瞒伤亡人数、不隐瞒抢险救援进展真实情况、不隐瞒善后处理真实情况”的“五个不隐瞒”原则，积极主动、客观真实地对外发布“2·22”事故相关信息。人民日报社、新华社记者分别在人民网和新华网及时报道事故信息以及党委、政府、企业高度重视矿工安全的态度和迅速组织营救的措施，其他媒体纷纷转载。中央电视台新闻频道在事发4小时内发出信息，当晚《焦点访谈》和次日《东方时空》都播出专题新闻。各媒体报道基调均凸显全力、科学施救的及时快速和富有成效（358人生还，78人遇难），为顺利处置事件提供了有力的舆论支持。

● 2009年2月22日，山西屯兰发生矿难，救援人员正在准备下井。

2013年6月25日，云南昆明市政府为了回应公众质疑和猜测，破天荒地公开了曾被认为涉密的炼油项目环评报告，让当地市民对这个年产1000万吨的PX项目的污染排放标准有了一定了解。尽管仍有部分网民认为这份环评报告仅为主要内容，且环评机构也不明确，但大多数公众都肯定昆明市打破过去那种将环评报告束之高阁甚至秘而不宣的做法，认为有利于平复市民焦虑，重塑社会信任，求得更大的理解与支持。果然，随着政府对环评公开的进一步答疑，这场沸沸扬扬持续一个多月的舆情风暴渐趋平息，昆明化工项目也成为观察中国环保实践的一个经典案例。

值得一提的是，如今我国司法机关对大案要案的查办过程越来越公开透明。如2013年8月22日至26日，济南市中级人民法院在公开审理薄熙来涉嫌受贿、贪污、滥用职权犯罪一案过程中，积极探索司法公开方式，设立新闻发言人、开通官方微博，向媒体及时充分披露信息，让全社会详尽了解案件重要犯罪事实、重要情节和控辩双方的意见，体现了我国司法文明进步，受到了媒体和公众赞扬。《参考消息》转发境外媒体的评论称，济南中院官方微博对庭审的重要信息进行了实时播报，视频、文字、照片兼而有之，透明度是中共建国以来前所未有的；在薄熙来从头到尾否认指控的情况下坚持微博直播，体现了中共领导人对执政的高度自信、“王子犯法与庶民同罪”的法治原则、“‘老虎’‘苍蝇’一起打”的反腐决心以及对公众知情权的充分尊重。随后不久，最高人民法院院长周强发表讲话，认为公开是自信和光明正大的表现。他指出：任何司法信息的发布，如果时机不及时、范围不合理、方式不妥当，都可能

● 2013年8月22日至26日，薄熙来案庭审。

成为舆论焦点和公众话题，甚至被误读和炒作；要将深化司法公开作为改进法院工作、提升司法水平的有利契机。

从某种意义上说，现代政治就是一种传媒政治，人们对“公开透明”的追求和认同，早已上升为一种共同准则。事实也反复证明，公开引领信任，透明消弭猜疑，沟通创造和谐。公开透明地发布信息不但不会使政府陷入更大的被动，反而会因其坦诚、公开、负责的态度和做法而赢得公众的理解和支持。

当然，公开不等于没有节制，透明不等于没有秘密，要辩证理解公开透明的含义，准确把握信息发布的量与度。正如英国前首相撒切尔夫人视察英国广播公司（BBC）时所言：“如果把政府所有信息都毫无保留地报道出去，无异于为恐怖主义提供氧气！”

第三节　规范有序

近年来，党中央、国务院高度重视突发事件新闻发布和舆情引导工作，相继出台了各类法律法规和政策文件。如《国家突发公共事件总体应急预案》《中华人民共和国突发事件应对法》《中华人民共和国政府信息公开条例》，都对突发事件的信息发布和新闻报道做了相应规定。特别是《政府信息公开条例》，2008年5月1日起正式实施，10多天后便发生了震惊世界的“5·12”汶川大地震。这场突如其来的灾难堪称是对条例实施的第一场“大考”。令人欣慰的是，开放媒体采访与政府信息公开的良性互动，已经成为中国努力建设“阳光透明政府”的一个缩影。此后，全国各地各部门更加认真落实中央要求，纷纷建立应急管理机构，制定信息发布预案，规范突发新闻处理。这一系列法规、政策和预案，为政府做好突发事件舆情引导工作提供了法律支持和制度保障。

在突发事件舆情应对中，政府一方面要严格按照法律法规和政策文件行事，树立权威性、公信力；另一方面，又要坚持有序引导的原则，以客观理性的处置方式，回应社会特别是网上出现的虚假、失实传闻和极端、暴戾言论，使舆情朝着理性、平和的方向发展，实现法律效果和社会效果的有机统一。

因此，政府在处置突发事件时必须考虑普通民众的心理认知，定性定论要符合社会常识常理。如果合法性与合理性相冲突，应当充分考虑网民的情绪化特点和心理承受能力，在不损害法律权威的情况下，通过法律的灵活适用，安抚、理顺网民情绪。

● 2009年6月16日，庭审结束后，邓玉娇（左）与母亲走出法庭。

2009年5月发生的湖北巴东县服务员邓玉娇基于自卫目的刺死对其非礼官员案，之所以迅速吸引网民围观和舆论聚焦，主因之一就是当地公安机关仓促之间轻率做出“涉嫌故意杀人”的不合理定性，激起社会公众对弱女子邓玉娇的同情与声援。直到一个多月后法院认定其“防卫过当”，免于刑罚，负面汹涌舆情才得以平息。在2011年5月故宫“错字门”事件中，故宫相关负责人回答记者疑问，未经深思就轻率定论，称故宫赠给北京警方锦旗中“撼祖国强盛 卫京都泰安”的“撼”字没错（应为“捍”），贻笑大方，引发舆论风暴，网民纷纷调侃故宫“没文化”。几天后，故宫在微博上承认错误，但因有卸责之嫌，仍未获网民谅解。2013年6月初美国“棱镜”秘密情报监控项目引爆后，由于奥巴马政府把泄密外逃的原中央情报局雇员爱德华·斯诺登的行为看作是法律问题，而不是政治外交问题，被《华盛顿邮报》认为是“问题定性出现偏差，导致了政治和公共关系方面的溃败”，不仅使引渡斯诺登陷入困境，也令美国民众对政府监视百姓网上活动和电话信息的做法视为违法行为，导致政府陷入严重的信任危机。可见，表态并非一定要迅速为事件定性定论，更不能以此举压制、扑灭舆论；在权威的确切调查结果出来之前，任何有关事件原因、后果、责任等信息的发布都须持谨慎态度，避免轻率言行给公众造成视听混乱，引发更大的舆情危机，损害政府形象。

也就是说，政府对突发事件进行定性定论时，应综合考虑实情和舆情，不能忽视事件处理的社会效果，用词定性必须准确到位、合理合法。在“围观成瘾”的网络时代，诸如云南晋宁县“躲猫猫死”、河南鲁山县“喝开水死”、湖北公安县“洗脸死”、河南开封市“冲凉死”等超出常人想象的事件定性，无不迅速触动网民“习惯性质疑”的敏感神经，成为网民狂炒猛批的对象。另外，浙江湖州“临时性强奸案”、广州“许霆恶意取款案”、深圳“梁丽拾金不还案”、北京“东城法院引《孝经》判决案”等，都因不合常理的事实认定或判决理由，受到了网络舆论的猛烈抨击。即使是违反常理的离奇案件，描述案情也要慎之又慎，力求以常人易于理解和接受的表述方式发布新闻，以免越描越离奇，越描越可疑。

总之，舆情应对必须依法依规、规范有序，事件处置也要合法合理、准确定性，避免随意定性而再生负面舆情。

第四节 科学适度

在突发事件舆情引导中，政府要坚持维护社会稳定与遵循传播规律相统一，以疏堵结合、科学适度为原则，管理但不压制，沟通而不放任，以疏为主，因势利导。具体要求如下：

一是要迅速开放传播通道。突发事件一旦发生，就要迅速、持续公布信息，让公众及时了解事态和处置情况。

二是要有效控制信息导向。开放的信息传播通道有利于避免公众的猜疑和误传，但由于人们对突发事件的态度不同，看问题的角度不一，有可能使舆情朝着不利于事件处置的方向发展。为此，政府要牢牢掌握舆情引导主动权，指定专门机构和人员负责事件信息的对外发布，并事先评估信息发布可能引发的各种反应，切忌发布未经证实的消息。

三是要努力消除谣言。匿名发声的自媒体时代，往往会有一些“主观故意”，指望真相始终跑在谣言的前头已经不太现实。如2011年温州“7·23”动车追尾事故发生后，谣言传闻几乎与事故处置同步，从事发不久的“掩埋车头车厢以便毁灭真相”，到“35人死亡上限说”，再到救援阶段的“被拆解车体内仍有活人”，再到“吊下车厢仍有遗体掉出”，再到善后赔偿阶段的“遇难者遗体被集体火化”“先签协议有奖励”……各种谣言贯穿事故处置全过程，且屡屡领先权威信息，严重干扰了事故处置工作。因此，在突发事件舆情应对中，辟谣将成为常态。处事部门应在及时公布事件真相的同时，动员社会名流、舆论界权威、相关领域专家和其他具有一定网络影响力的人适时发声，澄清谣言，消除负面影响。

如在2008年初湖南冰冻灾害事件中，政府始终遵循新闻传播规律，及时发布新闻，掌控信息源头，遏制谣言流传，成功引导了境内外舆论——

2008年1月12日至2月上旬，受强冷空气影响，湖南出现了长达20多天的雨雪、冰冻天气，造成了巨大损失，给群众的生产、生活带来严重影响。

随着1月25日湖南省抗冰救灾指挥部成立，省政府新闻办迅速启动了突发公共事件新闻发布应急预案，及时介入新闻处置工作。从1月25日至2月5日的11天时间内，组织召开了13场新闻发布会，及时向民众发布灾情、损失和各级党委政府及有关部门全力以赴抗冰救灾等重要信息，积极主动引导媒体报道和社会舆论，让谣言传闻失去生存空间。在抗冰救灾取得决定性胜利后，从2月19日起，又围绕灾后恢复重建，举行了10场新闻发布会。

在出行受阻、信息不畅的情况下，新闻发布会成为中央、香港驻湘媒体以及省内传统主流媒体和重点新闻网站的主要新闻来源，有力引导了境内外媒体报道基调，维护了湖南良好形象。而以“灾后重建”为主题的系列新闻发布会，既介绍灾后重建的正面情况，如湘西自治州政府“帮果农卖柑”、省林业厅“恢复林业措施”、省经委“恢复企业生产”、省教育厅“恢复教育基础设施”、省广电局“修复广播电视基础设施”、省民政厅“救灾募捐款物管理使用”等，又发布经济社会发展宏观层面的利好消息，如省统计局公布“湖南GDP在全国排名前移一位”等，较好地回应了媒体和社会关切，稳定、鼓舞了人心。

四是要把握说话分寸。在突发事件舆情应对中，政府不仅要尊重新闻传播规律，而且要把准发言表态的尺度。

首先，话不要说得太绝。突发事件发生后，在公共场合表态尤其是回答记者提问时，说话要留有余地，以免授人以柄，陷入被动。外交部原新闻发言人沈国放曾在世界知识论坛上说：有位同志在国外回答记者提问，当记者声称在中国发现了非法贩卖囚犯器官的情况时，该同志马上予以否认，并说这是造谣，无中生有。沈国放认为，这是一种不负责任的说法，因为你在国外，并不能对国内的所有情况都掌握，你怎么可以一口否定呢？万一有一例这种情况被发现，你就会陷入非常被动的境地。如果利润丰厚，谁能保证不会有人铤而走险？沈国放认为应该这样回答：“这种做法是中国政府不允许的，它绝对不是中国政府的政策，我们一定会进行调查，希望你能提供更为详细的资料。”这样就给自己留下了余地，不至于陷入“万一”的窘境。

因说话“太绝”，发生在美国的一桩枪击案，让贵州省副省长陈鸣明也隔洋“中枪”。2013年7月28日晚，陈鸣明在转发一条美国枪击案微博时说：“怎么美国又发生枪击案？！”有人在跟评中提到中国也发生城管袭击案。陈鸣明回应说：“有人巴不得祖国天天出事，出事就小题大做。”“这些人不爱国，为成为中国人感到悲哀，让他们赶紧去美国，越快越好！败类！人渣！”此话迅即招来数万条评论。大部分网民质疑这位副省长言语偏颇、逻辑错误，因为批评城管、监督政府不等于不爱国；作为副省长，想把批评者“驱逐出国”，并爆出“败类”“人渣”这样的粗口和定性，与其身份极不相符。29日下午3时多，陈鸣明迫于舆论压力，发长微博致歉称“监督和批评本身就是爱国的表现”，表示今后要“有话好好说”，并为言辞不妥“请大家原谅”。尽管多数网民随之停止了与陈鸣明的隔空骂战，但这位拥有60多万“粉丝”的副省级高官的有关言论，也让人看到仍有部分官员缺乏面对公众的发声训练和言说技巧。如果哪一天，某位新闻发言人面对批评城管暴力执法的记者也说出类似“太绝”的话，无疑会被网民的语言之砖拍得遍体鳞伤。

陈鸣明微博。

其次，不要过度承诺。有些情况下，官员为了让公众对政府有信心，容易对媒体做出过度承诺。一旦承诺无法兑现，将会面临更大的舆论压力，付出更大的代价。2008年北京奥运会前夕，美国多家媒体宣称中国出口的部分宠物饲料因含有三聚氰胺毒死了当地一些猫狗，我国有关部门立即予以否认并回击：外媒报道毫无事实依据，中国饲料完全合格，中国食品保证安全。岂料，就在奥运举办期间，我国惊爆三鹿奶粉添加三聚氰胺毒害婴幼儿事件，引发一连串食品安全问题，多个国家随即禁止进口中国乳制品，致使时任国家质检总局局长李长江引咎辞职。境外媒体趁机大肆渲染炒作，令我国食品行业的信誉和形象严重受损。

英国疯牛病事件更是一个惨痛教训。1990年5月，英国《星期日时报》刊登《权威食品专家呼吁屠宰600万头牛》一文，警醒人们："疯牛病传染给人类的可能性正在增加！"但英国政府为了维持消费者对英国牛肉安全的信心，隐瞒实情，误导公众，一味坚称英国牛肉十分安全，一再回避人类感染疯牛病的危险性。时任英国农业大臣格玛基甚至带着小女儿在电视上演示大吃牛肉汉堡的快乐情景，向公众承诺没有任何危险，并说自己每天都在吃牛排。他本来希望说服公众不要惊慌，但并不掌握疯牛病的实际情况就过度承诺，直到6年后的1996年3月20日决定公布真相时，已有10多人染病，导致英国政府陷入严重信任危机，被迫采取"宁可错杀一千，也不放过一头"的过度措施，宰杀了1200万头牛，才逐渐恢复公众信任，缓解社会恐慌。

第二章

舆情收集指南

随着改革开放的不断深入和经济社会的深刻转型，传统媒体价值追求日益多元，新兴媒体传播方式不断丰富，发声渠道和信息源头越来越多，舆情空间发生了巨大变化，海量信息源源不断、秒速传播，铺天盖地、散状分布，令人眼花缭乱、无暇尽悉。这就要求舆情收集者提高舆情发现能力，炼就沙里淘金、慧眼识珠的本领，善于从浩繁庞杂、真伪难辨的舆情海洋中“打捞”有用信息。舆情信息收集得如何，事关参考价值，影响决策质量。

舆情收集主要包含“3W1H”四要素，即舆情收集的主体（Who）、客体（What）、渠道与范围（Where）、手段（How）。其中，客体、渠道和手段是舆情收集的重点和难点，须弄清“收集什么”“从哪收集”“如何收集”三个关键问题。

突发事件舆情收集，由两部分构成：一是重大敏感舆情动向的日常收集，二是突发事件或公共危机发生后的应急收集。前者用于“预警”，后者侧重“应对”。

第一节　收集机构

建立舆情信息收集工作机构，明确领导机构、办事机构和联动机构，形成“上下左右、互联互通，层层把关、级级落实”的收集工作网络，是舆情信息收集报送顺利开展的基础和保障。

一、领导机构

各级党委政府作为舆情信息工作的领导机构，是舆情信息的汇集中心，全面掌握当地各部门、各领域、各行业的舆情。

各级党委政府可按照“指挥统一、协调有序、反应灵敏、运转高效”的原则，设立突发事件舆情信息工作委员会或领导小组，作为当地突发事件舆情应对的统筹指挥机构。

二、工作机构

各级党委宣传部、宣传文化单位设立专门的舆情信息处（科室、中心），负责突发舆情收集研判报送工作；各级政府设立舆情信息管理办公室，履行应急值守、信息汇总和协调处理职责，发挥运转枢纽作用。

上级党委政府舆情信息工作部门对下级党委政府相应职能部门负有业务督导责任，要及时指导督促其做好相应工作，精心组织开展业务技能培训和经验交流推广。

工作机构要分层管理，指定责任单位和负责人，纳入绩效考核，实行责任追究；同时要落实足够数量的舆情信息收集人员，做到专人专职。

由于各种原因（如工作基础、人员配备、机构编制等方面的差距），未建立专门舆情信息工作机构的地区或部门，可通过跨部门协作分担、工作合并、增加人员职责等方式收集舆情信息，也可考虑将部分工作委托科研院所或社会专业机构承担，以适应日益繁重艰巨的舆情应对任务。

三、联动机构

舆情信息收集报送政治性、政策性、时效性很强，加之舆情走势瞬息万变，形态载体多样，涉及领域众多，绝非个人或个别部门单打独斗所能完成。因此，必须构建“纵向到底、横向到边，覆盖广泛、布局合理，反应灵敏、运转高效”的舆情收集报送工作网络，打造监测发现舆情的“千里眼”“顺风耳”。同时成立一个强有力的应急联动机构，动员各方力量共同参与，确保舆情信息收集报送的快捷通畅、全面准确。

联动机构由党委政府办公厅（室）或党委宣传部（互联网信息办公室）牵头，主要有两方面职责：一是与公安、安全、通信、司法、信访、工商、教育、卫生、交通、物价、税务、统计等政务部门建立协作机制，拓展舆情收集渠道；二是与新闻媒体、门户网站、高等学校、科研院所、行业协会、舆情监测机构等非行政组织加强沟通协作，整合共享信息资源，以此形成覆盖体制内外、跨地区跨部门跨行业的突发舆情收集报送网络。

第二节　收集渠道

舆情存在于一定的社会空间和不同的传播载体。法国社会学家布迪厄的“场域”理论认为，社会空间中处于不同位置的各种力量为争夺制度高位或权力资本，不断地展开彼此间的博弈和竞争。以此观照突发事件舆情博弈，可见各种力量的信息传播渠道、不同场域的群体身份及其舆情影响力都有明显差别。因此，舆情收集必须覆盖这些场域，以获取全面、多样的信息，在相互比较、补充中发现有价值的舆情。

从国内情况看，突发事件舆情主要集中在网上（新媒体）、网下（传统媒体、信访等）两大场域。这也是日常民意表达和舆情传播最为集中、有效的两大空间。

一、新媒体

新媒体是相对于传统媒体而言的媒体形态，利用数字技术、网络技术、移动技术，通过互联网、无线通信网、有线网络等渠道以及电脑、手机、数字电视机等终端，向用户提供信息和娱乐，实现“所有人对所有人、多点对多点的传播”。目前已出现的新媒体形态主要有网站、论坛、博客、播客、微博、微信、微视、即时通讯工具（QQ、MSN）、电子邮箱、搜索引擎、数字报刊、数字广播、数字电视、数字电影、移动电视、智能手机等。

互联网、手机等新媒体在我国发展势头十分迅猛。2013年7月

17日，中国互联网络信息中心（CNNIC）发布的《第32次中国互联网络发展状况统计报告》显示，截至2013年6月底，中国拥有网站294万个、网民5.91亿、即时通信网民4.97亿、手机网民4.64亿、手机即时通信网民3.97亿，成为名副其实的世界第一网络应用大国。如今的网民，特别是伴随互联网成长的一代人，已变得越来越依赖网络、越来越相信网络了——了解信息，上网浏览；购买物品，上网搞定；遇到问题，上网求解；撰写文章，上网检索，且离开电脑往往"提笔忘字"……曾崇尚"死记硬背"、终日"奔波忙碌"的众多国民，已经习惯于"大脑功能外包"、陶醉于"网络化生活"，成为足不出户的"宅人"和依赖手机的"低头族"。可以说，互联网已然成为人们信息获取的常规来源、娱乐休闲的重要方式和商务交易的便捷渠道。但技术进步使人们交流沟通更方便自由的同时，也在人与人之间筑起了一堵无形的隔阂之墙，如社交网站让人们少了面对面交流的亲密与真实，智能手机让朋友聚会少了叙旧言欢的信任与融洽，产生"比邻若天涯"之感，导致人际关系变得越来越扁平、直接和肤浅，甚至让人远离现实世界，形成心灵封闭，只关注自己想要关注的人，只订阅自己感兴趣的信息，只相信自己愿意相信的事实，被狭隘的私人感受所束缚，被片面的个体偏好所限制，被编造的似真谣言所蒙蔽。这或多或少会影响网络舆情的真实性和客观性。

●2013年7月17日，CNNIC发布的中国网民规模与互联网普及率。

随着论坛、博客、微博、微信、智能手机客户端等网络应用的快速普及，互联网已成为全球化传播的最强势媒体、全民化传播的自主性媒体、融合化传播的全功能媒体、移动化传播的低门槛媒体、社会化传播的组织性媒体，使其在信息发布、舆论传播、互动交流、政治参与、组织动员等方面更加便捷有效，成为突发事件舆情演变的关键力量，甚至成为影响政治秩序和社会稳定的重要因素。从国外来看，网络已成为社会动荡乃至政权更迭的重要推手。如，近年在突尼斯、埃及、伊朗、叙利亚、利比亚、也门、巴林等国的政局危机中，推特和脸谱网站成了舆论宣传和组织发动的首要工具。自2010年12月底起，突尼斯的年轻人利用这些社交新媒体不断对外传播本·阿里总统家族骄奢淫逸等负面信息和支持示威游行的煽动性言论，仅几个星期，反对政府的抗议活动便蔓延全国，导致2011年1月14日主政23年的阿里总统被迫下台出走。仅隔20多天，即2月11日，在推特等社交网站的推波助澜下，在位30年的埃及总统穆巴拉克黯然谢幕，被捕受审。两年后的2013年7月4日，又在动荡不安的埃及，执政刚满一年的民选总统穆尔西被军队高层利用脸谱网站发表政变声明赶下台。在军队倒戈后，穆尔西试图使用手机通过推特网站呼吁民众不要服从军人，但手机随即被军方剥夺。对此，俄罗斯《莫斯科新闻报》评论称："没收穆尔西手机的那一刻，标志着这场政变的结束。""这就是新型政变的特点，始于网络虚拟空间，结束于一方失去了通信工具。"甚至有西方媒体分析政变手段时直言："要想夺权，先夺手机。"

又如，2011年6月初，德国汉堡一名16岁的女中学生通过脸谱网站邀请朋友参加生日聚会。由于疏忽大意，她误将邀请函发到公共空间。尽管她赶紧在网上宣布取消聚会，但生日当天，仍有1500多名陌生网民来到她家门前狂欢，严重扰乱了她的生活。"请神容易送神难"，这场怪异的生日聚会惊动了上百名警察到场维持秩序，但仍有个别人在酒精的作用下烧毁了附近居民的凉亭，并投掷石块，造成11人受伤。据悉，这样大规模的"脸谱聚会"在德国越来越频繁地发生，最后往往演变成酗酒滋事之类的群体事件，对社会治安造成严重影响。德国警方公开表示，一呼百应甚至“万应”的社交网络让他们头痛不已。

就国内而言，以天涯社区、百度贴吧等为代表的传统网络社区论坛和以QQ空间、人人网等为代表的传统社交网站，几乎成了网民爆料维权、揭露社会假恶丑的“出气口”和势不两立、互相攻伐的“大骂场”；而微博的强势崛起和众多意见领袖的追捧，又把网络传播力和影响力推向新的高峰。调查表明，近年来，我国半数以上影响较大的社会热点事件都由网络爆料而引起公众关注，传统媒体随后介入、推波助澜；即便传统媒体率先披露，其后的舆论发酵、扩散、升级、平息过程也多由网络主导；就连传统媒体的相关报道和评论，通常也是在网上转发后才引起更大的社会反响。无疑，在拥有6亿多网民的中国，互联网已深刻改变了民意诉求的反映渠道和方式，成为各阶层意见表达、情感宣泄、思想碰撞的重要平台和新闻舆论的独立源头，而微博结合手机已成为影响力最强的舆论工具，中国由此进入了“传媒聚光灯”和“大众麦克风”时代。

现阶段，我国正处于网络舆情事件的多发期，网络审判、人肉搜索、网络恶搞、网络谣言、网络集会等语言暴力和极端行为不断出现，对社会政治秩序和意识形态安全造成不可低估的冲击。这主要由四种因素所决定：一是我国正值改革攻坚期和社会转型期，矛盾问题和利益冲突多发，为网络群体行为的产生埋下了隐患；二是网民的民主意识和政治参与热情日益高涨，意见表达、舆论监督愿望更为强烈，而自由、开放、平等、多元的网络提供了一个便捷有效的话语表达平台；三是我国利益诉求表达机制尚不完善，当网民难以通过信访、诉讼等常规渠道满足诉求时，往往会寻求网络维权，引发群体聚集；四是我国法律对现实群体行为的约束比较严格，但对网络群体行为的管制失之于宽，技术上亦无十拿九稳的举措。

上述因素决定了网络是当前舆情传播的主要载体，网络舆情具有主体多元、议题速成、持续聚集、影响广泛、偏差明显等特点。在网络舆论推动下，一件看似孤立的小事也可能在民间舆论场迅速发酵、催化、扩大、升级，产生“涟漪效应”“蝴蝶效应”，导致地方舆情全国化、国内舆情国际化，小热点变成大热点、简单热点变成复杂热点，局部问题化为全局问题、普通问题化为政治问题，影响社会稳定和政治安全。

有鉴于此，南京大学行政管理系副主任李永刚教授指出："在互联网监管体系尚未完备的一段时期，中国网民在网络世界里已经部分实现了言论、结社、示威和新闻自由。"这一看法更加表明，论坛、博客、播客、微博、微信、智能手机等新媒体已经成为当前我国意识形态领域面临的"最大变量"，成为我国社会舆情的风向标和突发事件的放大器，必须纳入舆情收集的重点范围。在国外，新媒体参与突发事件报道也已成为常态。无论是美国的卡特里娜飓风，还是日本的核泄漏事故，新媒体都显示出传统媒体不可比拟的传播力和影响力。

但在信息爆炸时代，要想监测所有网站和网页的海量信息，耗时费力，并不现实。因此，要根据本地区社会发展状况和舆情特征，确定网络舆情监测范围。

一般而言，本地区的重要网站和论坛、微博、微信、博客、播客等，以及影响力大的国内外网络媒体均应作为重点监测对象。

本地区监测对象的选择可参考以下标准：（一）网站或论坛、微博、微信等浏览量大，用户多，互动性强；（二）影响范围广，网站信息经常被转载；（三）汇集大量知名人士、意见领袖、活跃网民，容易出现情绪化言论，观点独特、倾向明显、争辩激烈，曾产生过轰动效应；（四）管理松散，把关不严，盛产流言、谣言。

国内外监测对象的选择，除了参考上述四个标准外，还应考虑两点：一是在本地设有办事处或设有与本地相关的频道或栏目，较多采用本地新闻信息；二是本地网民经常访问该网媒。

1. 重点网站

重点新闻网站和知名商业网站是网上信息发布和互动交流的重要平台，每天提供大量新闻和评论，在信息传播、意见表达、社会动员等方面的效果已超过传统媒体，成为当前新闻宣传、舆论引导的主要力量。

就广东舆情信息收集工作而言，人民网、新华网、中国新闻网、凤凰网、环球网、中华网等综合性新闻网站，新浪、腾讯、网易、搜狐等知名商业门户网站，以及南方网、奥一网、金羊网、大洋网、大粤网、深圳新闻网、东莞阳光网、广佛新闻网等地方新闻网站都应列为监测对象。

对境外网站来说，联合早报网、星岛环球网、亚洲时报网、日本共同社中文网、读卖新闻网、朝日新闻网、俄罗斯新闻网、英国广播公司（BBC）中文网、金融时报中文网、泰晤士报网、路透社中文网、华尔街日报中文网、纽约时报中文网、华盛顿邮报网、美国之音中文网、今日美国网、美国有线电视（CNN）新闻网、德国之声中文网、法国国际广播电台中文网、朝鲜日报中文网、澳洲日报中文网、南非中文网、大公网、文汇网、台湾“中央”社网站和联合新闻网等境外媒体网站可纳入监测范围。

2. 新闻跟帖

新闻跟帖是在新闻报道后开设的供网民发表意见的平台，直接反映社会公众对某一事件或现象的看法和态度，是网络舆情信息的重要来源。与传统媒体中新闻的单向传播模式不同，新闻跟帖实现了民意的快速汇聚和公开，便于舆情监测和引导。多数突发事件都是在网民的讨论中升温并成为热点，如2011年10月，深圳“打骂父母”的公务员廖天野下跪道歉一事经媒体报道后，仅在网易新闻频道就有3254条跟帖，7.66万人参与讨论。

目前，国内门户网站大都开通了新闻跟帖的功能：网易新闻频道的跟帖广场设有“热门跟帖”“精彩盖楼”“跟帖热榜”“1小时跟帖排行榜”等栏目；腾讯的每条新闻后都显示“我要发帖”，还有定期（每日、每周、每月）热帖排行榜；搜狐的新闻栏目配置“我来说两句”板块，用户可查看他人意见并进行回应；新浪的新闻也开通跟帖，并标明每条新闻的评论人数和关注度。同时，国内主要新闻网站如人民网、新华网、凤凰网、南方网、东方网、红网等都开设了“跟帖区”，方便网民就新闻事件发表评论。

3. 网络论坛／社区/BBS

作为网上言论的活跃地和社情民意的集散地，网络论坛（社区、BBS）通过汇集内容丰富的帖子而成为公共话语的传播空间和多元舆论的表达平台。

我国的网络论坛、社区同世界各国的网络社区一样，都起步于BBS站点。1994年5月，国家智能计算机研究开发中心开通国内第一个真正意义上的网络BBS站点——曙光BBS，尽管服务内容和版面形式单一，但它突破了单向传播的界限，开始了真正的社会化互动交流，因而聚集了国内最早的一批网民，成为中国网络社区文化的开端。

但直到1998年的“西祠胡同”和1999年的“全球华人虚拟社区”ChinaRen的创办，我国成规模的网络论坛、社区才宣告出现。目前，用户规模最大的要数天涯社区，其功能已从单一的BBS论坛，发展为以论坛、博客、微博为基础交流方式，综合提供个人空间、企业空间、购物街、无线客户端、分类信息、来吧、问答等一系列服务的大型网络社交平台，注册用户已从1999年3月创立初期的数百人上升到2013年8月的8500多万。它与凯迪社区、人民网强国论坛等社区、论坛在网民中具有很大的吸引力、号召力。

舆情收集应重点监测以下几类论坛（社区、BBS）：一是综合性论坛，如天涯社区、猫扑大杂烩、凯迪社区、西祠胡同、西陆社区、东湖社区、麻辣社区、搜狐社区、网易论坛、红网论坛、华声论坛、凤凰论坛、大河网论坛、QQ论坛、新浪论坛、大旗网论坛、博客网论坛、第一线索、百度贴吧等。这类论坛是网络舆情的主要发源地，曾经轰动一时的“最牛团长夫人掌掴讲解员”“辽宁庄河千人上访跪倒市长”“湖南衡南松江校车坠河”“广西来宾烟草局长日记门”等事件，均在天涯社区首次爆料。二是专题性论坛，如人民网强国论坛、新华网发展论坛、央视国际复兴论坛、中青论坛、中华论坛等，经常讨论国内外重大事件和热点话题。三是地方性论坛，以广东为例，有南方论坛、奥一论坛、深圳论坛、番禺社区、惠州西子湖畔论坛、湛江碧海银沙论坛、佛山天天新论坛等。2009年2月广东肇庆端州区官员公款出国旅游事件，就是在云浮罗定市E天空论坛视频曝光后掀起舆情狂潮。

4. 博客、播客、维客

博客作为个人色彩浓厚的媒体，重在梳理个人的所见所闻所感，综合反映个人的思想感情和价值取向。一些持续更新并拥有大量人气的博客对于舆情的形成和发展具有强大的引导作用，因此，应重点监测意见领袖的博客。在新浪博客、博客中国、博客大巴上汇聚了大批意见领袖，这类明星名人、专家学者依托自身的职业背景、专业知识和独特的信息获取渠道，在众声喧哗的网络舆论场担当着“引路人”的角色。如韩寒开设的新浪博客，5年内累计浏览量超过5亿次，其言论和思想对众多“粉丝”（以年轻人为主）产生了巨大影响。当年红极一时的徐静蕾在新浪的博客（老徐博客），仅用了620天时间、100多篇博文，点击量就突破1亿大关，其影响力可想而知。网民“屠夫”的博客经常以另类方式介入热点敏感事件，对推动湖北巴东县服务员邓玉娇刺死对其非礼官员事件的发展起了重要作用。但随着QQ等产品不断强化社交功能（形态更类似于SNS）和用户数量的持续上升，博客因其创作门槛高和相对较弱的用户体验将阻碍自身发展，甚至可能逐渐失去发展空间。

播客以发布和传递音频、视频信息为主，中国播客网、YouTube、土豆网、优酷网、酷6网、奇艺网、动听播客、播客天下、播客中国、QQ播客等知名播客站点聚集了庞大的音像资源。随着数码摄像技术尤其是智能手机的普及应用，越来越多的网民热衷于制作发布个人视频作品，突发事件现场情况乃至官员性丑闻频繁出现在网上，使网络视频成为中国网民继即时通讯、搜索、音乐、新闻之后的第五大应用，对电视媒体带来较大冲击。从国内来看，如重庆北碚区委原书记雷政富淫乱照事件、深圳海事局原党组书记林嘉祥涉嫌猥亵女童事件等，都是因其视频在网上被疯狂点击与转发而迅速成为舆情热点；国外事件中，如英国伦敦骚乱、美国占领华尔街运动发生后，由于播客传导效应而引起全球多地效仿。这表明，“有图有真相”似乎成为网络传播的当然逻辑，具有现场感和视角冲击力的镜头往往胜过千言万语，能迅速在互联网这个“看不见的战线”引发万众围观。

维客是一种由用户创造内容，在网络上开放、可供多人协同创作的超文本系统，在自发而持续的协作编辑、修改过程中，人们得以交流思想、形成共识，创造出属于全人类的开放、共享的知识宝库。与此同时，维客具有的开发互动、即时发表、挑战权威等特性，对舆情信息形成与传播有着不容低估的影响。维基百科是使用最为广泛的维客。2010年7月26日，维基揭秘网站在美国《纽约时报》、英国《卫报》和德国《明镜周刊》配合下，在网上公开了9.2万份涉及阿富汗战争和伊拉克战争的机密军事文件和外交电报，激起美国政府的震怒和谴责。该网站创始人朱利安·阿桑奇因而名声大噪，但不久便遭到英国警方拘押，获释后逃至厄瓜多尔驻英大使馆，陷入随时可能被引渡至美国受审的困境。发生在百度百科上的PX词条“保卫战”，是维客影响舆情的生动例证。2014年4月2日下午，清华大学化工系近10名学生发现有人悄然将百度百科词条中PX毒性由“低毒”改成“剧毒”，立即自发捍卫PX低毒属性这一科学常识，与一些网友相对峙，PX词条6天内被反复修改36次，最终被锁定在“低毒化合物”的准确描述上。虽然PX“沉冤得雪”，但网络百科上仍有许多信息在蒙受“不白之冤”，误导社会大众。

5. QQ、MSN

QQ、MSN等即时通讯工具在舆情传播和引导中的作用不可小觑。2010年3月5日19时52分58秒，腾讯QQ同时在线用户数突破1亿，标志着即时通讯工具已全面融入人们的在线生活，完成了从沟通到生活的角色蜕变。目前，QQ注册用户超10亿，活跃用户逾6亿。这意味着，突发事件一旦发生，相关信息在QQ群的传播速度和广度将大为提升，舆情引导面临更为严峻的挑战。

2008年北京奥运会期间，中国网民利用MSN和QQ群掀起“红心CHINA”热潮，强烈反对西方媒体对我国的歪曲不实报道，充分表达爱国热情。2013年6月初，“车主维权”QQ群成员联合向广州南沙交警提出申诉，认为某路段限速40公里/小时不合理，要求撤销对“中招”车主的扣分罚款，很快获得警方采纳并优化限速措施，体现了QQ群舆论监督的威力。而2009年新疆“7·5”暴力事件中，有人利用QQ群散播煽动性、行动性信息，给事件处置工作造成严重干扰，迫使当地一度断网。

可见，如何驾驭网络这把“双刃剑”，做到趋利避害、可管可控，考验着执政者的决策眼光和政治智慧。

● 网民在用手机登录无线互联网络。

6. 手机

随着移动互联技术的发展，智能手机迅速崛起为媒体新秀，几乎成了现代人的一个外在器官，在舆情传播中扮演着越来越重要的角色。从数量上看，到2012年12月底，我国通过手机接入互联网的网民数量达到4.2亿，手机成为我国网民的第一上网终端；从传播特征上看，手机具有“传播启动迅速、信息落点明确、接受贴身方便、传播延伸性强、内容聚集度高、互动性强、难以监控”等特点，使得手机舆情的监测和引导困难重重。

当前，智能手机功能越来越强大，移动上网应用出现创新热潮，手机QQ、手机微信、手机微博、手机报、手机电视、手机新闻客户端等传播方式层出不穷，加之智能手机价格日益便宜，有视频和微博、微信功能的只要数百元，再小再偏僻的乡镇也有不少设备随身的“业余记者”。突发事件发生后，网民最先看到的常常是这些无处不在的“业余记者”发出的消息，且很多都是连续性的实时报道。因此，将会有越来越多的突发事件和热点话题在手机传播，导致手机舆情日趋复杂多变。

传统手机短信的威力也不可忽视，因为相对于互联网的虚拟关系，建立在现实人际关系基础上的短信更容易获得好友间的信任与转发，更能快速催生舆情热点。如，在2008年10月四川广元柑橘生蛆事件、2011年3月日本地震引发海啸后发生的抢盐风波中，手机短信使相关信息的传播速度和信任度大幅提升，舆情的扩散范围及其不良社会影响远远超出预期。

7. 微博

2006年，以美国推特（Twitter）为代表的微博客相继兴起，由于简便、即时、实用，契合了现代人快节奏的生活方式，顺应了以手机为主要平台的移动互联大趋势，赢得了众多阅读时间碎片化的手机用户的追捧。通过手机以短信形式更新微博，传播更为方便、快捷；相对于博客的长篇大论，能够识字写字的任何人都可以熟练使用微博，参与信息传递，发表观点、意见、建议，获得交流、分享的心理满足。因此，微博被称为“最佳自媒体平台”。

2007年5月，我国诞生第一个微博网站饭否网。自2009年下半年开始，短短两三年时间，微博就在神州大地攻城略地，同学网、聚友网9911、139移动说客网、人民网相继进入微博市场，新浪、腾讯、网易、搜狐、凤凰等各大门户网站竞相染指微博服务，人民日报社、新华社、中央电视台等中央媒体及各省区市主流媒体纷纷开通法人微博。微博就像20世纪80年代的文化人喜欢在衣兜里插支钢笔一样，成了21世纪网络新人类的标配；“不刷微博就六神无主”的“微博控”，正以爆发式的惊人速度上升。据统计，截至2012年12月底，我国新浪微博注册用户已超过5亿，腾讯微博注册用户已达到5.4亿，成为微博第一大国。

微博的创新应用，颠覆了我国媒体格局、舆论生态，至少带来了两大革命性的改变：

一是改变了信息传播方式。传统媒体的信息传播，是以自上而下的方式实现的，人们被动接收信息。即使是后来的互联网，也是网站主导的单向信息传播。而微博这种社会化媒体的传播方式，则是通过人与人之间的“关注”“被关注”网络，将自己或自己关注的人发布的信息予以“转发+评论”，一层层地传播开来。这种裂变式的点对点网状传播一旦成功发起，就会四处蔓延、快速复制，使信息和评论的能量不断聚合增强，最终像原子弹爆炸一样，由“微信息”迅速生成“大舆论”，获得惊人的传播效果。假如一个人的微博拥有1万“粉丝”，每个“粉丝”再有100个关注者，仅两次传播，受众就达百万。微博影响力如此之大，无论正面效应还是负面影响，都会呈几何级数扩大，瞬间聚集起巨大的舆论能量。它的出现促进了整个社会的信息透明化和意见表达的均衡与多元。

二是改变了普通人的社会影响力。在微博这个可以相对自由发声的个性化表达平台上，每个人既是媒体，又是信息源头。你可以是信息的接收者、转播者，也可以是信息的生产者、发布者。微博的直播、转发和评论，能迅速将个人声音放大到公共空间，将个人行为放大成社会行为，使得每个普通人都可能获得影响社会舆论的机会，每条微博信息都可能成为引起舆论风暴的“蝴蝶翅膀”。可以说，微博发展势不可挡，它深刻改变了舆论格局，成为当今我国活跃度最高、影响力最大的民意表达平台，成为全民化、社会化传播的最佳自主性媒体，对人们的生活方式和思想文化观念产生潜移默化的影响，对我国经济发展方式、群众政治参与、政府信息公开等形成现实推动力。

对于微博的影响力，有形象生动的比喻：当你的“粉丝”超过100，你就如同一本内刊；超过1000，你就像一个布告栏；超过1万，你就不亚于一本杂志；超过10万，你就相当于一份都市报；超过1000万，你就堪比一家电视台。截至2012年6月，在新浪微博人气榜上，姚晨以2400多万“粉丝”独占鳌头，和她一样拥有“电视台”的还有小S、王力宏等20人；拥有500万以上“粉丝”的多达59人。这些比《人民日报》发行量还多好几倍的名人微博，该是何等强大的舆论磁场！即使排除那些“僵尸粉丝”，剩余“粉丝”的传播力也是惊人的。

微博名“微”，力不微。有关调查显示，微博已成为仅次于新闻媒体的第二大舆情源头，相当多的突发事件均由微博爆料、发酵、扩散而成为社会热点。如2010年上海“11·15”特大火灾发生1小时内，新浪微博就出现了1000多条信息；江苏溧阳市卫生局原局长谢志强与情妇相约开房、湖南常德市警方抢夺自杀老妇李连枝尸体、腾讯QQ与奇虎360大战等事件，均是公众借助微博进行舆论监督的典型案例，2010年因此被称为“微博元年”。2011年浙江温州动车追尾、广东汕尾乌坎村民维权等事件中，微博成了新闻传播和舆论形成的主要平台；2012年7月30日传开的江苏阜宁县发文安排61名刑满官员重新入编吃空饷事件，由知名网民“落魄书生”在其认证微博上率先爆料；在唐骏“假学历”、李一“养生术”、李开复“副教授门”等事件中，“打假斗士”方舟子的微博信息和言论起了关键作用。这表明，威力强大的微博已成为促引社会发生全面变革的社会化媒体，成为重大突发事件和热点敏感话题的传播中心，给政府舆论引导带来新的机遇和挑战。

自2010年以来，越来越多地方政府已经意识到，将微博作为关注民意、服务民生、引导舆情的新平台新窗口，可以更及时、更直接、更真实地了解民众的所思所想所急所需和正在发生的社会事件，发挥微博快速传递政务信息、促进官民良性互动的积极力量。于是，政务微博在神州大地“忽如一夜春风来，千树万树梨花开”，呈现出“数量激增、主体多元”的良好发展态势。如广东继2010年2月公安系统率先开设国内首批公安微博后，开博热情迅速蔓延到省内工商、税务、宣传、司法、民政、旅游等各个职能部门。据人民网舆情监测室发布的政务微博报告显示，截至2012年6月，广东政府机构微博接近1900个，总数在全国党政机构微博中位居第二（仅次于江苏），且有20家政务微博入围全国“百强榜”，数量居各省（区、市）之首。这表明，广东政务微博的信息量、“粉丝”数、活跃度、传播力等指标均居前列。

● 广州市公安局在官方微博上实时发布信息，向网友介绍交通事故现场情况及处置进展。

广东不少政府部门已尝到了运用微博进行突发事件舆论引导的甜头：2011年4月16日，“平安惠州”公安微博发布“惠州警方快速侦破惠深沿海高速公路‘4·13’丛飞妻子邢丹被袭案件”消息，获得转发2371次，评论731条；2011年4月17日，佛山风灾突袭，16时49分，“南海区新闻办”官方微博发布最新灾情，获得2112次转发，202条评论；2011年6月11日下午，“@广州公安”澄清增城大敦村群体事件中“摆摊孕妇及其丈夫被保安打死”谣言，获得4102次转发，2200条评论，对厘清坊间传闻发挥了积极作用。通过即时更新和滚动发布，微博成了“永不落幕的新闻发布会”。

一年一度的地方及全国“两会”，是微博舆情的活跃期。这期间，不但普通网民、意见领袖通过微博表达意见诉求的热情空前高涨，不少人大代表、政协委员也纷纷借力微博参政议政，于是网民与网民之间、网民与意见领袖及代表委员之间的互动剧增，使得微博成为“两会”舆论和话题的主要发酵地。各大微博平台也纷纷推出诸如“围观两会”“两会微访谈”等关注形式，聚集了大量的网民意见与相当的人气。因此，每年“两会”期间，可以从微博上收集到诸如楼市物价调控、收入分配改革、上学看病就业、食品安全监管、社会道德重构、反腐倡廉建设等方面的热点舆情。如知名博主、全国人大代表、原浙江省委常委兼组织部部长蔡奇，每年都在微博上征集网民对“两会”的建议，为其议政建言提供参考。但官员微博因刻板呆滞、单调无趣而遭诟病或由于个性张扬、公私不分而受争议的情况也时有发生。如云南省委宣传部原副部长伍皓的实名微博曾因敢讲实话而红极一时，但转任红河州委常委、宣传部部长后，这位曾任新华社云南分社社长的明星官员却极少以真名写微博，并在沉默一年半后，于2012年8月初决定将腾讯个人微博改为红河州委宣传部的官方微博。

值得注意的是，微博是一把“双刃剑”。它在传播新闻信息、促进人际沟通的同时，也出现诸如疑心、传谣、煽动、依赖、炫耀、狂躁、忧虑之类的“微博精神病”，且在不断传染蔓延，成为扩大意见分歧、撕裂族群关系、加剧社会矛盾的助推器，使得虚拟社会和现实世界的楚河汉界越来越模糊，网上舆情转化为网下行动的几率明显增加，舆情应对的压力越来越大。据2013年6月25日中国社会科学院发布的《中国新媒体发展报告（2013）》显示，在2012年新媒体出现的617条谣言中，超过1/3以微博为主要传播渠道。文化部市场司副司长庹祖海认为，当前微博生态“情绪化有余而理性不足”；中国人民大学新闻学院副院长喻国明则指出，“一些名人喜欢将自己的私事、私人情绪拿到微博上来抱怨”。这表明，微博是一个更加多元、更不容易服从权威的舆情场域。

微博舆情监测的重点对象主要有三类：一是监测新浪微博、腾讯微博、人民微博、网易微博、搜狐微博、凤凰微博等知名微博；二是监测新闻媒体、编辑记者、专家学者、意见领袖、资深网民开设的微博，以及“粉丝”过百万的名人微博；三是监测微博事件或话题转发量和评论数。

8. 微信

正当微博这种广播式的社交媒体风靡神州之际，另一种沟通方式更有针对性、信息传达更精准有效的免费社交平台——微信悄然兴起，发展前景和社会影响大有超越微博之势。

微信是腾讯公司2011年1月21日推出的基于智能手机的社交工具，在苹果、安卓、塞班等主流智能手机操作系统均可使用。它具有发送信息、图片、语音、视频和群聊等基本功能，以及“查看附近的人”“摇一摇”“漂流瓶”“公众平台”“扫一扫”“朋友圈”等创新应用。这种真正的移动互联网产品主要有以下优势：

一是使用方便。用QQ号码或手机号码即可注册登录，并可将手机通讯录、QQ里的朋友加为好友，还可通过扫描二维码、搜微信号、“摇一摇”等方式加陌生人为好友。只需通过微信这一软件，就可收发长短文字信息、图片、视频，可语音对讲、视频聊天、群聊，还能收发QQ聊天信息、QQ邮件、腾讯微博私信以及与微信好友互动等。可见，微信已完全覆盖了手机短信、语音电话和QQ的功能，具有更大的社交优势。

二是资费低廉。免费使用软件，仅需少量网络流量费用，比用手机短信、电话便宜得多。微信后台运行一个月才消耗约1.7兆流量，1秒语音仅消耗约1千字节流量，1兆流量可发约1000条文字信息。

三是私密性强。不同于微博这种任由三教九流自由发声的“广场喇叭”，微信是在朋友和熟人圈里传播，封闭性强，信任度高，能满足当下人们的心理需要。有学者认为，微博舆论实质上是“大V”等意见领袖推动的“精英传播”，普通网民很难实现舆论参与的广泛民主，而微信基于“朋友圈”的传播方式可以将“大V”拒之门外，普通网民在“圈子”内的发言、评论、点赞更能体现独立思考与自由表达。所以，微信舆论不会像微博那样出现“井喷”式的强烈外向型传播，它更趋向于“窃窃私语”式的暗流涌动。

四是达到精准。通过微信公众账号，一次可向用户推送3条信息，并能保证关注自己的人全部看到，信息的到达率、阅读率更高，比微博更精准、直接和高效。

截至2013年1月，微信用户已突破3亿，日均在线活跃用户达4000多万，年龄多在19—30岁之间，男女几乎各半，且普遍学历较高。按目前增速，预计几年内用户将超5亿。目前，微信有16个语言版本，在美国、澳大利亚及东南亚、港台等境外市场用户逾千万，远超国内外同类软件的发展速度，已成为目前全球用户最多的移动社交工具，也是增速最快的手机应用和互联网服务，被境外媒体誉为“代表互联网领域的‘中国制造’，是目前唯一一个可能走向世界的中国互联网产品”。

调查显示，自2012年下半年以来，新浪微博、腾讯微博的用户活跃度呈明显下滑趋势，许多微博用户“以前一天花3个小时刷微博，现在只是睡前刷刷”。这表明更多人开始从“广场式”的微博平台转向“熟人社会”为主的微信平台。事实也证明，眼下越来越多网民患了“微信依赖症”。如2013年7月22日，上海市政道路施工挖断腾讯机房光缆，造成微信发生上线以来最大规模连接故障，波及全国多个地区，近90万网民参加“微信挂了”的话题讨论，吐槽故障突袭下的不安和焦虑，仿佛“微信罢工”，他们就不能传达信息和感情了。

微信的积极影响主要有三方面：一是带来了社交方式变革。它极大地拓展了人际交往范围，靠单一软件实现了人际沟通的立体化、即时化和便捷化，并使沟通成本更廉价、沟通对象更精准、沟通速度更快、沟通效果更好，正逐步取代短信、电话、QQ等社交工具。二是提供了政民互动新平台。它逐渐成为政府加强与公众沟通互动的桥梁和提升政府服务水平的途径，如“广州公安”“深圳交警”“微成都”等政务微信不断优化政民互动和权威发布，办出实实在在的“威信”和效果。三是推动产业创新和转型升级。它借助二维码渗透进各行各业，使通过微信购物、订阅媒体新闻、查询交通天气信息、订机票酒店、预约医院挂号、支付手机费电费等渐成常态。它推动了3G、4G网络和智能手机应用，促使电信运营商的移动互联网业务和收入迅猛增长，也不断拉低电话、短信等传统业务收入，倒逼电信行业转型升级。

微信也存在以下值得注意的问题：其封闭的熟人圈子交往使得微信里谣言易传难辟；其强大的信息推送功能极易造成不良信息短时间内大面积传播扩散；其潜在的组织动员功能极易推动群体聚集事件；其技术管理上的漏洞极易造成信息安全隐患；网民过度的微信依赖，会造成微信上无话不谈，见面无话可说，给现实人际交往带来不适不快。正如有人感叹：“微时代”的我们，更忙碌了，却也更空虚了；朋友更多了，却也更孤独了。

微信舆情监测难度较大，目前只能通过监测软件实时采集部分公众账号推送的文字信息，对于其他信息和图片、语音尚无全面有效的监测手段，具体数据难以提取。另需提醒，朋友圈信息、微信群信息和两人对话信息涉及个人隐私，不可轻易监测。眼下要做的就是突破技术瓶颈，识别抽取图片中的文字内容，将语音信息识别成文字信息，实现对具有公开性质的微信舆情的监测。

9. 网络问政

古有微服私访，今有网络问政。

近年来，肇始广东、风靡全国的网络问政，为公民参政议政、政府汇集民意提供了新途径。有人说，网络问政是除信访之外最具中国特色的民意表达机制，是政府察民情、纳民谏、解民忧、应民声的重要举措。

● 2011年7月4日上午，多家网络媒体现场连线，同步播出广东省领导与网友在线交流会。

作为改革开放先行先试地区，广东长期致力于创新民主执政形式，近几年更是顺应互联网发展潮流和社会舆情新变化，积极探索网络问政助推社会善治之路，着力构建充满活力、和谐有序、富于建设性的网络互动交流平台，取得明显成效，受到广泛好评。

广东的决策者认为，网络时代，脱离网络就意味着脱离群众。网络问政已成为做好群众工作的一种新形式、新趋势。问政的主体是公众，主导是党委政府，内容是政务。广东的主要做法有：自2008年起，中共中央政治局委员、时任广东省委书记汪洋每年都与省长一起给网民写拜年信，鼓励网民“灌水”“拍砖”，争当“智多星”，共谋“金点子”，共建共享广东特色的网络文化；汪洋书记每年一次率领省领导与网民代表互动交流，听取网民意见建议，在线回答网民提问；2012年6月26日，汪洋书记和朱小丹省长对参加网络应用技能考核的广东地级以上市书记市长进行巡考，汪洋书记结合自己的网络经验表示，“掌握必要的信息化手段，可更方便与群众沟通”；自2009年起，省委办公厅每季度举办一次网民集中反映问题交办会，解决了大批民生热点问题，减少了诸多基层矛盾隐患；2012年5月，“广东发布”官方微博一开通，便朝着信息公开、开门纳谏、回应民意、服务民生、“微”聚民心的正确方向迈进，以亲民风格、生动语言与网民沟通互动。省直部门和地级以上市纷纷仿效，如广州、深圳、珠海、佛山、惠州、河源、东莞、梅州、阳江、中山等市以及省工商局、省教育厅、省卫生厅、省环保厅等部门，或设立网络发言人，或开通政务微博，或定期与网民交流，推动全省形成了官员倾听民意、网民理性建言的良好问政氛围。目前，全省21个地级以上市政府都设立了网络问政平台。

中共中央政治局委员胡春华兼任广东省委书记后，高度重视互联网建设和网络问政工作，每年都与省长一起给广大网友写新春贺信，希望网友们一如既往，凝聚正能量，多提宝贵意见和建议，致力推动广东改革开放的历史车轮滚滚向前；胡春华书记十分珍视人民网地方领导留言板、南方网网络问政平台的网民意见和投诉，要求省委办公厅信息综合室及时收集与回复。

网络问政在广东已有许多成功案例：2008年的“岭南十拍”汇集网民集体智慧，直面发展困境，提出破题思路，为广东新一轮思想大解放摇旗呐喊、鸣锣开道。一些公民通过网络建言献策、反映问题，贡献了聪明才智，维护了自身权益。如2008年6月，肇庆市怀集县桥头镇六竹小学代课教师龙剑喜向时任省委书记汪洋发出一篇“拍砖”帖，反映农村代课教师的清贫与困窘。汪洋书记看后大受触动，立即批示珠三角地区用一年时间、经济欠发达地区用两年时间解决全省5.2万名代课教师的待遇问题。目前，广东已有2.58万人因此“代转公”，占全省代课教师的近50%。龙剑喜本人也通过考试转为公办教师，从此改变了自己一生的命运。又如2013年7月4日，江门市鹤山核燃料项目在网上公示后，由于市民质疑和反对的声音较多，当地政府充分尊重民意，于14日郑重宣布不予申请立项。

辽宁省纪委、监察厅，省政府纠风办、政务公开办合办的网络问政平台——民心网，让群众工作方法从传统的“面对面”升级到现代的“键对键”，让党政部门更加便捷、高效地服务群众，被专家学者认为是践行党的群众路线的一个鲜活样本。民心网构建起政民互动、诉求办理、纪检督办由低到高的三级梯次办理体系，开通9年来为百姓办理诉求21.6万件，通过诉求办理还利于民逾10亿元，成为辽宁省纪委解决群众诉求的主平台、百姓反映利益诉求和意见建议的主阵地。中央党校党建教研部教授任铁缨认为，在网络环境下，民心网为有效开展自下而上与自上而下的政民互动提供了经验。

全国不少党政高官也带头“上线”“触网”，体验网络问政于民、问需于民之妙处。如2012年2月29日晚7时，时任中共中央政治局委员兼上海市委书记俞正声给一位癌症患者家属（其在网上发表致俞书记的公开信，反映其父癌症晚期无医院收治的遭遇）的回信授权在“上海发布”官方微博发布后，迅速引起公众关注与热议。短短两个小时，微博转发量超5000次，评论逾1500条。俞书记在信中写道：“我们大家会尽力帮助你，更重要的是同志们都赞成你的四点诉求，特别要在癌症晚期病人的关怀上，争取在制度上有所前进。”“你的心痛也是大家的心痛。”这封回信让患者家人得到宽慰，网民也赞之为“回复迅速、言辞恳切、温暖人心”，并积极探讨相关救济措施。

舆论普遍认为，政府“深度触网”，与时任中共中央总书记胡锦涛、国务院总理温家宝率先垂范倾听网民意见、重视网络舆论不无关系。2008年6月20日，胡锦涛总书记通过人民网与网民在线交流时说：“平时我上网，一是想看一看国内外新闻，二是想从网上了解网民朋友们关心些什么问题、有些什么看法，三是希望从网上了解网民朋友们对党和国家工作有些什么意见和建议。”“网友们提出的一些建议、意见，我们是非常关注的。我们强调以人为本、执政为民，因此做事情、做决策，都需要广泛听取人民群众的意见，集中人民群众的智慧。通过互联网来了解民情、汇聚民智，也是一个重要的渠道。”寥寥数语，主旨鲜明，铿锵有力。这是我党最高领导人第一次与网民在线交流，而且是全程直播。随后，省部级领导纷纷做客人民网强国论坛，与网民在线交流。

从此，越来越多的民众发现，“信访不如上访，上访不如上网”。于是，网络迅速成为一个巨大的公民参政问政平台和诉求表达平台。许多官员也认识到，在网络时代，不懂上网，不懂上微博，就成“新文盲”了。于是，发邮件、看微博、回复网民问题、进行视频对话等，成了官员们自觉不自觉恶补的执政技能。

一时间，全国各地大兴网络问政之风，政府网站、政务微博如雨后春笋般涌现，这个“发布”、那个“在线”不再是“作秀式”的时髦摆设。不少地方在主动回应网民、直面棘手问题的同时，也在试图以“制度化力量”确保网络问政常态化、长效化。如广东2012年10月开通的“省市一体化网上办事大厅”，就是通过“顶层设计”推动各级政府部门政务公开、网上办事、吸纳民意的重要举措。这表明，群众通过网络参与政治决策、实现官民平等对话、推动政府良政善治，已成为不可逆转的时代潮流。

舆情收集必须将网络问政平台纳入监测范围，随时了解民众的利益诉求、思想动态、意见建议、情绪变化和行为倾向，为党委政府科学决策、民主决策提供参考。

可以预见，随着三网融合的快速推进和移动通信技术的不断发展，突发事件舆情传播渠道将越来越多，扩散速度将更为迅捷，影响范围和效应愈加呈现出“牵一发而动全身”的趋势。因此，舆情工作者必须深入了解各类新媒体的特征和作用，全方位、多渠道收集舆情信息。

值得注意的是，网络舆情传播渠道并非一成不变。网络媒体发展日新月异，不断有新网站、新论坛出现，也不断有网站、论坛关闭，不断有网络应用的“微创新”，也不断有网络工具的“颠覆式”出现。因此，要根据实际情况增删监测对象，确保监测清单的科学和完整。

二、传统媒体

传统媒体主要包括广播、电视、报刊。尽管网络自媒体迅猛发展，人人都有麦克风，人人都在生产新闻，不断蚕食着传统媒体的新闻舆论阵地和话语垄断权，首曝舆情事件的比例也越来越大，但传统媒体的公信力决定了它对舆论生态和舆情传播的影响力仍然举足轻重。它可以通过新闻、访谈、评论等形式牵引某一事件的舆情走向，将网上碎片化、浅表化的信息和多元化、极端化的观点聚合提炼成公众共同关注、认可、追捧的焦点话题，让公众看到更客观深入的报道，更全面深刻地了解事件的来龙去脉和本质特性，从而赢得公众的理解和支持。法兰西帝国缔造者拿破仑总结建国奥秘时曾说："联军一队，报馆一间。"足见报纸作用之大。调查显示，通过网络获取信息后，70%的人会利用传统媒体验证网络信息的准确性。这表明，传统媒体在公众心目中的权威性和公信力仍然高于网络媒体，品牌可信、内容为王始终是传统媒体最大竞争力。

今天，面对社会转型期纷繁复杂的矛盾问题和多元多变的舆论生态，传统主流媒体只有强化角色意识和责任意识，以敏锐的新闻嗅觉和高度的政治自觉，以积极负责的态度和理性建设性的思维，提供优质信息，传播事实真相，彰显主流价值，倡导社会互信，引导热点舆情，才能消除网络传播中的"偏激共振"，破除焦虑情绪下的"谣言法则"，驱散心理逻辑上的"腐败猜想"，化解争夺受众的"眼球情结"，从而让自身真正成为维护社会秩序的"稳压器"、疏导社会情绪的"整流器"、化解社会矛盾的"安全阀"。这就要求传统媒体在突发事件报道中，不但要及时刊播重要信息，满足公众知情权，还要安抚受伤的心灵，维护正常的社会秩序，引导公众少一些偏激义愤、多一些成熟理性，促进事件妥善处置。特别是做舆论监督报道时，不能只凭头脑发热或良心发现，而要把握好时、度、效，切实做到积极稳妥、准确公正、以理服人，避免以偏概全、断章取义、轻易定论。凡是有此专业素养和责任担当的媒体，其舆论导向值得信赖，其舆情反映更为客观，从中获得的信息更加真实可信，更具有决策参考价值。

广东与北京、上海是中国媒体行业最发达的三大地区，孕育了大批有影响力的传统媒体。这些媒体特别是都市类媒体高度关注社会热点，舆论监督异常活跃，极易催生舆情事件。尤其是广东作为改革开放先行地，经济社会转型快，流动人口多，人群构成复杂，利益诉求多样，各种矛盾问题暴露得更早、更充分，使得广东的舆情热点事件触点多、燃点低，易发多发，成为传统媒体争相报道的重点题材之一。因此，必须重视对传统媒体舆情的监测分析。

1. 报刊

可列为监测对象的报刊如下：一是全国性报刊，如《人民日报》《经济日报》《光明日报》《新华每日电讯》《中国青年报》《经济观察报》《环球时报》《瞭望新闻周刊》等。二是地方性报刊，如广东《南方日报》《羊城晚报》《广州日报》《南方都市报》《南方周末》《21世纪经济报道》《新快报》《信息时报》《深圳特区报》《深圳商报》《晶报》《时代周报》《南风窗》《新周刊》《南都周刊》《南方人物周刊》等，以及湖南《潇湘晨报》、河南《大河报》、四川《华西都市报》、湖北《楚天都市报》、江苏《扬子晚报》、天津《今晚报》、浙江《钱江晚报》以及北京《北京晚报》《新京报》《京华时报》《法制晚报》和上海《新民晚报》《东方早报》《瞭望东方周刊》《新民周刊》等。各地监测对象可视情确定。

2. 电视

就广东地区来说，应重点监测中央电视台、凤凰卫视中文台、广东电视台、南方电视台、广州电视台、深圳电视台的重点频道和节目。各地监测对象可视情确定。

3. 广播

就广东地区来说，中央人民广播电台、广东人民广播电台、广州人民广播电台、佛山人民广播电台、东莞广播电视台、中山广播电视台等应作为监测对象。各地监测对象可视情确定。

三、信访

信访制度作为我国独特的人权救济方式，无疑是党的群众工作的重要组成部分，是重要的民意反映窗口和舆情收集渠道。一方面，人们可以通过信访反映问题、表达意见、宣泄不满；另一方面，信访部门可以从群众来信来访来电中了解社情民意，掌握舆情热点，发现苗头性倾向性问题，及时向上级报告。

信访工作的关键是处理公众迫切需要解决的问题。畅通的信访渠道可以防止事件发生、事态扩大和舆情聚集。但由于种种原因，在实际工作中，一些地方的信访工作没有得到应有的重视，一些地方截访、贿访现象屡禁不止，致使当地群众反映的问题长期得不到解决，严重压抑了他们的表达欲望和情绪排解。不少突发事件正是由于当事人通过信访申诉多年未果，产生不满和愤懑情绪，最终酿成惨剧。如，由于对房屋拆迁补偿不满，江西抚州市民钱明奇一路逐级上访讨说法，国家信访局也去了，但上访10年仍未获满意答复，终致心力交瘁、绝望仇视、报复社会，制造了2011年抚州临川“5·26”三处政府办公地爆炸案，造成他本人及两名无辜保安死亡，产生恶劣的社会影响。

我国《信访条例》规定：各级人民政府、县级以上人民政府工作部门应当向社会公布信访工作机构的通信地址、电子信箱、投诉电话、信访接待的时间和地点、查询信访事项处理进展及结果的方式，畅通信访渠道，为信访人反映情况、提出意见建议或诉求提供便利条件。因此，各级政府部门应按条例要求，以开放、成熟的心态，不断改进信访工作，拓展突发事件和热点敏感问题的舆情收集渠道，了解当事群众的利益诉求，依法依规予以维护。

● 2011年5月26日，江西抚州市发生爆炸，3人死亡。图为救护车停在抚州市临川区政府外的爆炸现场。

广东历来非常重视信访工作的有序、有效开展。2010年2月，中共中央政治局委员、时任广东省委书记汪洋在省信访局调研时说，“信访”这两个字很有特点，“信”字由“人”和“言”组成，“访”字是“言”字旁加个“方”字，也就是说，党和政府设立信访局就是要给老百姓提供一个说话的地方，而且是说那些难以解决的问题的话的地方。信访部门就是最直接联系群众、最直接倾听群众意见、最直接为群众排忧解难的部门，是真正想群众之所想、急群众之所急、解群众之所需的部门，所以在一定意义上是最能反映执政党执政特色的部门。

同年10月，广东省委省政府印发《广东省信访工作责任追究暂行办法》，规定政府职能部门决策失误引发群体性事件将被追责，为信访工作的顺利开展提供了坚实的制度保障。

广东还致力于创新信访方式，汇集社会舆情，促进官民沟通。2011年9月27日，广东省网上信访大厅正式运行，形成网上受理、网下办理、网上回复的工作机制。该大厅集视频信访、网上信访、手机信访、电话信访于一体，设置了网上信访投诉室、领导网上接访室、网上视频信访室、手机信访服务室、电话信访服务室、政策法规咨询室、公众服务室，并链接到各市已开通的网上信访大厅，拓宽了信访渠道，降低了信访成本，提高了信访效率。

网上信访有利于政府部门掌握舆情。如，2011年8月，广州一名市民通过网上信访反映广东新中国船厂的开发建设将对其居住小区产生不利影响后，广州市信访局及时将此诉求转给市规划局处理。该市民对市规划局的迅速回复颇为满意，致信感谢政府部门“认真听取社情民意”。国家信访局自2013年7月1日起全面放开网上投诉受理的内容以来，网上信访迅速成为群众信访的重要渠道，平均每个工作日受理网民投诉1200多件，从中获悉了农村土地征用、城镇房屋拆迁、劳动和社会保障等民生热点方面的大量敏感舆情，为有关地方和部门及时妥善处置提供了预警，赢得了时间。

可见，只有健全信访工作机制，完善诉求表达渠道，做到“听民声、顺民意，解民困、惠民生，汇民智、聚民力”，将实现好、维护好、发展好最广大人民群众的利益作为舆情应对工作的出发点和落脚点，才能有效化解利益冲突，安抚群众情绪，维护政治稳定，促进社会和谐。

四、调研

调查研究是获得“第一手”舆情信息的主要途径。调研的方式有两种：一是舆情收集部门自行开展调研，二是委托社会专业机构进行调研。

如果本部门员工专业素质高，且资金充裕，可自行开展专题调研，深入基层，与群众面对面交流，了解他们的情绪、愿望、要求和呼声，掌握不曾过滤的“原生态”舆情，对可能发生的矛盾问题做到“察于未萌，止于未发”。

同时，由于经济社会的快速发展和各种矛盾问题的集中显现，突发事件的发生日益频繁，类型更加多样，而政府部门力量有限，难以对多领域、多渠道的舆情做出及时的收集与回应，因此，求助社会专业机构就显得很有必要。社会专业机构拥有大量专业人才，他们既善于捕捉网上有参考价值的信息，又经常深入民间，了解基层情况，能够丰富舆情收集的方式、渠道和内容。

目前，我国许多新闻网站、高等院校、社科机构都成立了舆情监测中心，对互联网上源源不断的信息加以挖掘和分析，并就如何处理舆情危机向政府部门和企事业单位提供对策建议。委托调研时，应选择那些成立时间较长、业界影响较大的舆情研究机构。可通过专家座谈、问卷调查、请教咨询、课题委托等方式，与这些机构建立长期合作关系。如人民网舆情监测室是国内最早从事互联网舆情监测研究的专业权威机构之一，承担过很多国家级或部委办局的重大舆情研究项目，在舆情监测研究领域处于国内领先地位，可委托其提供舆情监测分析、舆情应对顾问、网络媒体沟通等方面的服务。亦可把眼光投向社科系统或高等院校，求助相应的研究机构或专家学者。有条件的还可建立舆情研判“智库”，物色有关单位负责人和舆情领域专家担任“智库”成员，定期集中研判本地舆情现状和走势，提出防范和处置建议。

五、会议和公文

各类会议的报告、发言、简报、纪要、参考资料中含有大量信息，是捕捉舆情的渠道之一。上下级机关、不相隶属的部门之间主要通过公文传递信息，因此也可从公文中收集舆情。公文包含上级命令、决定、通告、批复、下级请示以及各种内参、函件等。

内参是舆情收集的特殊渠道。对一些暂不宜公开报道的敏感事件或问题，通常以内参形式在行政系统内部传递信息，为领导机关和职能部门决策处置提供参考。

一份好的内参，集及时性、准确性、建设性于一体，扮演着“耳目”和“参谋”的作用，能助力政府部门及时发现和处置负面舆情。如1994年3月31日，24位台湾游客乘坐“海瑞号”游船在杭州千岛湖观光时，与大陆6名船员、2名导游共32人被烧死在船舱内。当地有关部门封锁消息，除禁止媒体采访外，还密切监视台湾家属，严禁台湾旅游业代表到现场勘察、摄像，引起港台媒体连篇累牍的歪曲报道，导致台湾岛内民意强烈不满，台湾“立法院”各党派“立法委员”纷纷要求取消两岸交流的财政预算和中止两岸谈判，并要求宣布大陆是“高度危险旅游地区”。

在海外谣言四起、两岸关系日趋紧张的情况下，上海《文汇报》驻浙江记者万润龙的一篇内参直接推动了真相的公开。这篇题为《千岛湖“3·31”事件搞新闻封锁适得其反》的内参认为，新闻封锁堵不住境外的声音，境外媒体的歪曲报道造成了难以弥补的政治损失和极为恶劣的国际影响，建议中央尽快采取措施，公布千岛湖惨案真相。该内参获得时任中共中央总书记江泽

● 千岛湖事件中烧毁的“海瑞号”游船。

民的重要批示后，新闻封锁得以解除，事件真相终获披露。4月17日，浙江省公安厅宣布：千岛湖“海瑞号”游船失事，是一起“特大抢劫纵火杀人案”，3名涉案犯罪分子已被抓获。此后，台湾岛内舆情慢慢平息，两岸关系逐渐恢复正常。

综上所述，内参等公文和会议材料是舆情信息的重要来源，舆情工作者必须善于从中发现苗头性、倾向性舆情，形成舆情分析报告，为领导决策提供依据。

第三节 收集手段

舆情收集手段通常分为技术收集和人工收集。前者多用于网上，后者适用于网下。

一、网上舆情收集手段

1. 技术收集

技术收集就是利用技术手段对网上海量信息进行选取与分析，快速归类汇总成舆情信息报告，从而代替人工采集分析网上舆情信息的繁复工作。

目前，国内许多软件科技公司竞相打造网上“千里眼”“顺风耳”，开发出各具特色的网络舆情监测、收集、筛选、加工、整合技术，通过对传统媒体网络版、新闻网站、网络社区（论坛、BBS）、微博、微信、微视、博客、播客等实施24小时监测，进行舆情采集、主题归类、数据统计（包括对媒体转载量、网民点击率、传播范围、论坛帖子、微博信息、博客文章等统计），形成监测分析报告，全面反映舆情动态，供使用者决策参考。如已普及应用的广州邦富互联网舆情监测管理系统，集成了舆情信息采集与选取、舆情话题（或重点人物、重要事件）发现与追踪、舆情倾向性分析等先进监测技术，在敏感词过滤、信息抓取、专题聚焦、统计分析等方面日益成熟，监测范围涉及境内外网站，能有效实现网上舆情信息的选取、预警与管理；尤其在对微博、微信、手机新闻客户端的监测导控技术上，已具备大数据全面实时采集、综合统计分析、危机预警、评论引导等功能。

在这些舆情监测平台上，工作人员可多人同时在线协同办公，多角度查看不同时段的信息内容和数据变化，第一时间掌握与本地区本部门本单位相关的事件或话题，追踪传播源头，捕捉舆论拐点，分析舆情趋势，做到“先知先觉”。

党政部门可购买互联网舆情监测软件，进行网络舆情的收集分析。亦可自行组织技术力量，开发适合本地区本部门本单位的舆情监测软件。当前，鉴于微博、微信的高度社会化和巨大影响力，急需加强对微博、微信监测技术的深度研发，以实现对微博、微信海量信息的收集分析，将事关民众利益和社会稳定的舆情热点或敏感问题及时筛选出来。

至于关键词设置，日常监测可输入本地区本部门本单位名称和领导姓名；在舆情爆发期，可按照事件类型如“地震”“上访”“拆迁”“矿难”等设置关键词，便于准确抓取相关舆情。

2. 人工收集

人工收集方式有以下两种：一是有选择地访问网站、论坛、微博、微信、博客、播客、即时通讯工具等，了解与本地区本部门本单位相关的舆情动态或热点话题，根据点击率、转发量、评论数等指标，分析整理成舆情信息报告；二是在百度、谷歌等搜索引擎输入本地区本部门本单位名称、领导姓名或其他关键词，查看是否有相关负面敏感舆情，做好统计分析，及时报告领导。

二、网下舆情收集手段

1. 畅通信访渠道，排查舆情隐患

信访是促进社会和谐的“润滑剂”，是调节利益关系的“安全阀”。做好群众接待工作，建立信访档案，将信访反映问题的原始真实情况记录、分类、归档，为正确处理同类信访问题提供依据。同时，对于群众反映较为普遍的问题，要定期分析、持续跟踪、深入调研，找出舆情隐患和化解之道，供有关部门预警防范和决策处置做参考。

2. 健全举报制度，吸引群众报料

党政部门应完善举报制度，鼓励群众积极主动反映各种违法违规违纪、败坏党风政风、损害群众利益的问题，及时掌握和清除舆情隐患。可采用以下做法：一是提供举报渠道，如设立信箱、电话，开展问卷调查；二是发展“线人”，对举报者给予适当的物质或精神奖励。

3. 深入基层调研，倾听群众心声

舆情工作者要主动到群众中去，实地调查了解，掌握第一手材料。2009年4月，中共中央办公厅、国务院办公厅转发《关于中央和国家机关定期组织干部下访的意见》，要求中央和国家机关定期组织干部下访，推动落实中央决策部署、及时了解社情民意、督导解决信访突出问题、促进社会和谐稳定。该意见及相关举措，对于转变干部作风、加强干部队伍建设、提高科学决策和依法行政的能力和水平、保持同人民群众的血肉联系，具有重要意义。带问题下访，听民意、查原因、找答案，可掌握更为真实有用的基层舆情。

此外，通过人大代表议案、政协委员提案，也能收集社会各界有价值的舆情。

第四节　收集环节

舆情信息收集环节，主要包括收集、鉴别与筛选、分类与归纳、汇总与存储等基本过程。

一、收集

舆情收集是做好舆情信息工作的第一环节和重要基石。收集信息数量的多少及质量的高低，直接关系到舆情信息工作成效；没有一定的数量和质量，舆情信息工作就成了“无米之炊”。

舆情收集要体现四个特性：一是时效性，要迅速及时地汇集最新信息；二是阶段性，重点收集一段时期内人们对特定事件的意见、观点和思想动态；三是完整性，通过多种渠道和方式，全面准确地汇集舆情；四是实用性，收集的舆情信息能够反映现实问题、揭示深层原因，有利于领导准确科学决策。

二、鉴别与筛选

刚收集的舆情信息，常常处于原始状态，源头多，数量大，杂乱无序，甚至真假相掺，必须进行鉴别和筛选。

舆情鉴别主要在三个方面下功夫：一是从来源上鉴别信息是否真实，主要看构成信息的要素是否齐全、符合逻辑；二是判断信息是否准确完整，确保其不仅在局部细节上真实无误，在全局整体上也全面准确；三是筛选出具有决策参考价值的信息。

三、分类与归纳

分类和归纳就是按照目的、要求、时间、问题、来源等情况，对舆情信息分出类型或层次，分辨信息之间的差异、顺序和内在联系，使零散无序的信息条理化，为下一步实现对信息的有效整合奠定基础。在此过程中，围绕主题、内容进行梳理、归纳，为深层次分析研判和开发利用信息做好准备。

四、汇总与存储

舆情信息汇总是在对信息进行鉴别、筛选、分类和归纳后，把有用的信息重新汇集起来，便于形成舆情信息报告。存储则是指将各类舆情信息进行必要的存盘或归档。尚未选中、但仍有参考价值的信息也应存储，以备随时调用。传统的存储方式是以纸为介质存储文字、文件和档案，随着电子技术的迅猛发展，可将纸质信息转换成电子信息，既节约用纸，又便于管理。

第三章

舆情研判指南

舆情研判，就是运用科学的理论、方法和手段，对各类舆情信息进行全面、理性、深入的梳理、比较、分析，力求透过舆情表象，认清舆情本质，把握舆情走势，提出对策建议，辅助决策参考。这是一项政治性、政策性、系统性、技术性很强的工作，要客观理性，慎之又慎，切忌带有成见，先入为主，凭主观想象按图索骥，为自己的想法寻找佐证。

研判舆情必须熟悉时代背景和社会现实。当前，我国社会面临变革加速、阶层分化、利益多元、矛盾集中等复杂敏感因素的全新挑战，社会焦虑感严重，恶性事件叠加出现，风险社会的特征愈发明显。在不少突发事件中，思想问题、经济问题、发展问题、社会问题相互交织、相互影响、相互作用的程度不断加深，处理起来非常棘手。因此，分析突发事件舆情时，要结合相关舆情产生的背景和根源进行理性判断，而不能脱离现实环境和微妙因素，凭个人感情做简单化、绝对化的主观评判。只有这样，才能准确把握舆情本质，科学预测舆情走向。

近年来，舆情信息工作的地位和作用日益显现，网络舆情分析师已成为一门重要的新兴职业，于2013年9月正式被人社部纳入职业培训序列。今后，随着该职业培训工作的全面推进，分析报送同一突发事件舆情信息的部门和渠道将越来越多，容易陷入同质化竞争，浪费各种资源，分散领导精力。要在同题竞争中摆脱雷同、胜人一筹，使所报信息“让领导眼前一亮”，所提建议“想领导之未想”，就得把舆情研判作为提升信息服务质量的着力点，做到视野大、站位高，大处着眼、小处着手，去伪存真、由表及里，准确分析把握、提炼归纳事件表象后面隐藏的对领导决策、指导工作具有参考价值的重要信息，据此提出针对性、实用性强的处置建议。这是舆情研判最见功力之处。

第一节　甄别真伪

一、寻找来源

从来源是否可靠来判断舆情信息的真实性。具体来说，除了辨别信息要素（时间、地点、人物、事件、原因5个W）是否齐全外，还应做以下内容判断：谁提供信息；通过什么平台提供信息；信息提供者与事件的关系，是否为事件当事人；是道听途说还是认真调查得来；信息提供者的动机、诉求等。

网络已成为舆情信息的第一大源头。《第33次中国互联网络发展状况统计报告》显示，截至2013年12月底，中国网站数量达到320万个，网页总数超过1500亿个，容纳无法估量的海量信息。网络技术的飞速发展，催生了论坛、微博、微信、博客、微视、播客、QQ群、新闻客户端等各种各样的媒介形态，使得网络舆情源头和传播渠道日趋多样复杂。因此，必须加强网上舆情的技术性科学性分析，炼就洞察网上舆情的“火眼金睛”。

据观察，微博已成为舆情信息传播的首选平台。它信息量大、更新迅速、互动性强，容易在短时间内聚集舆情，影响事态发展。如，2011年夏天，受“膨大剂裂瓜”言论影响，许多地方西瓜大量滞销，但四川攀枝花盐边县农户发布“微博卖瓜”的消息后，一天之内被转发6.1万次，几万斤西瓜很快卖出，不仅解决了农户的燃眉之急，也给该县农牧工作带来新启示。又如，2012年2月10日，广州一群微博名人、媒体人士在微博上发起了一个名为“爱从头开始，十万火急救碧心”的义剪活动，征集理发师于12日（周日）集中为市民理发，筹款救助急需50万元手术费的11岁白血病女孩刘碧心，很快得到市民热烈响应，筹得善款逾百万元，助小碧心顺利接受手术。从效果看，这次“微博义剪”关注程度之高、筹款速度之快，创下广州公益历史的新纪录。

值得注意的是，由于微博信息发布的随意性、隐蔽性、便捷性等特点，使得微博很多时候成了失实信息、流言谣言的“帮凶”。一些人利用微博散播凭空捏造、夸大事实、捕风捉影、断章取义、移花接木之类的虚假信息，而有的网民又习惯于跟风，对一些不实信息和错误言论不加甄别、盲目接受，人云亦云、随波逐流，甚至以讹传讹、信谣传谣，使谣言产生滚雪球效应，对社会稳定、个人工作生活乃至政治秩序产生不容忽视的冲击。如2011年日本“3·11”大地震造成福岛核电站爆炸后，我国一些网民将“海盐因辐射不能食用”“碘盐可防辐射”的谣言发到微博上，经病毒式转发和极度放大，导致众多民众恐慌，引发全国范围的碘盐抢购狂潮。又如2012年5月底，有人在微博上散布“向西瓜注射甜蜜素和胭脂红”的谣言，幸亏有关部门及时通过权威专家辟谣澄清，打消了公众疑虑，才避免像2006年夏天因谣传“海南西瓜注射红药水”造成当地瓜农损失3000多万元那样的悲剧重演。特别是2012年3月间，“军车进京、北京出事”之类的可怕谣言在网上传播扩散，一度在国内外造成了极其恶劣的政治影响，直至查明来源、抓获造谣者，才彻底打消公众的疑虑。可见，我国微博在很多时候仍是情绪型负面舆论场，客观理性的声音往往被情绪化的不实信息和极端言论所淹没。有专家表示，透过网络谣言看到的是中国民众内心深处的担忧与恐慌，以及转型期社会矛盾的凸显与社会公信力的下降。笔者

● 2011年3月，大批市民疯狂抢购食盐。

认为，个别地方政府在突发事件舆情应对中缺少实事求是的态度，以迅速“辟谣”捂盖、护短、遮羞，使得一些时候“辟谣”变成证实真相，严重伤害了政府部门的公信力。正因如此，才会有众多网民面对谣言时选择“宁可信其有，不可信其无”。

也有人不惜以情色、暴力等手段在微博上制造丑闻、吸引眼球。如2011年9月，微博上一段“地质大学教授潜规则女研究生”的视频3天内被转发逾10万次，引发社会广泛热议，结果却被证实是发帖者为增加“粉丝”而策划的虚假闹剧。2012年7月4日，在微博上因对公共问题的观点不同而对骂已久、结怨颇深的四川电视台女记者周燕（网名“此是燕云”）与中国政法大学副教授吴丹红（网名“吴法天”）决定“约架”，一决高下。两人于7月6日13时依约来到北京朝阳公园南门见面，居然在众目睽睽之下从语言暴力升级为肢体冲突。在新浪微博拥有17万“粉丝”的吴丹红，曾于2011年10月6日与网络知名时评人“五岳散人”半夜“约架”，轰动一时。这次如法炮制“知名教授与美女记者约架”事件，更为舆论侧目。《环球时报》发表评论称，微博“约架”是网络知识分子的耻辱。韩寒、胡锡进、潘石屹、杨锦麟等微博名人也表达了各自批评意见，认为不应把网络骂战延伸到现实生活；意见不合就以“约架”方式解决问题，有失学者风范。这种挑战大众接受底线的行为，严重违背了互联网约定俗成的发帖规则。

网络论坛、个人博客、网站留言板、即时通讯工具等，也是网络谣言的滋生地，且起源难以查证，真假难以辨别。如2009年10月轰动网络的“艾滋女”事件中，一个自称患有艾滋病的女子，在其名为“闫德利”的博客曝光了279名与其有性接触者的姓名和电话，且经多家媒体调查后证实河北容城县贾光村确有闫德利其人，令其一夜之间成为千夫所指的恶人。直到警方查实此事始作俑者为其前男友，人们才知道这是人为炮制、报复他人的虚假信息。

总的来说，报刊、电视等传统媒体的新闻报道经过采访核实，较为可靠，网络新媒体上的舆情信息则真假混杂，需仔细甄别。

二、印证材料

众所周知，微博、微信、论坛、社区等媒介的双向互动性，使得信息传播与接收界限日趋模糊，每个人都可以对信息按照自己的意愿和方式进行“加工”“演绎”，一条信息经过若干次走样传播后已经变得片面失实甚至面目全非。同时，由于网民群体庞大，文化程度不一，社会阶层多元，需求立场不同，对同一事件的态度和诉求会存在差异，因此认清主流民意和个别意见并不容易。特别是随着微博在公众生活中的作用越来越大，一些人打起歪主意，给个人微博披上“山寨”外壳，以“发布新闻”“透露内幕”为名，散布不实信息，甚至披着科学外衣，安排专家出场，编造“有理有据有噱头”的谣言，混淆视听，令一些常识缺乏、心智偏低或头脑发热、情绪失控的网民稀里糊涂地成了“二传手”和“扩音器”，造成更大的危害。

由此可见，网络舆情虽然源于现实舆情，是社会上不同群体、各类想法、各种矛盾在网上的折射和延伸，但它并不等同于真实的社情民意。在这个开放包容、众声喧哗的虚拟世界，目的不同、心态各异的网民“想说就说”，导致各种信息鱼龙混杂、泥沙俱下，虚假新闻、谣言流言充斥，攻讦谩骂、跟风指责丛生，甚至被人操纵、利用的情况也时有发生。而习惯于从网上获取信息的人中，有很多人往往未先求证就贴标签、下结论，甚至有一些人将真相等同于内幕，将怀疑臆断成虚构，于是网络舆论场里充斥着“标题党”“揭黑幕”“爆猛料”之类抓人眼球的“故事”与“真相”。因此，面对形形色色、真真假假、虚虚实实的网上碎片化海量信息和舆论主张，唯有保持严谨细致态度、怀疑追问精神，科学判断、辩证思考，“不畏浮云遮望眼”、透过现象看本质，才能抓取真实信息、得出正确结论、助力决策参考。

甄别审视，印证真伪，就是要证实与证伪。证实是从正面寻找证据以求其真，证伪则是从怀疑追问入手挖掘证据以证其假。善于适度存疑，树立实证意识，舍得花时间查询，就不会被网上虚假信息和谣言牵着鼻子走。

印证舆情材料，就是要补全信息要素，核实存疑内容。主要方法有三：一是通过信息提供者，了解事件发生的全过程；二是联系事件当事人，听取多方观点和意见，进行交叉质证，寻找它们之间的关联性，判断其是互为佐证还是相互矛盾；三是深挖事件原因和背景，结合本地区政治经济环境、政策导向、社会氛围、文化特征等，验证事件舆情的真假。

如，2012年8月9日上午，一组不雅艳照在网上疯传。有网民发微博指称，艳照男主角系安徽庐江县委书记，并上传该书记形似图片，引发网民围观热议。当地有关部门随即对此舆情进行调查核实，证明网民在百度爆料吧发布的艳照男主角与庐江县委书记不是同一人，并于当晚对外澄清此事。与此同时，肇事网民在百度庐江贴吧发表道歉声明。当天发现舆情并证伪，反应之快，效率之高，值得称赞。

又如，2013年6月29日，一条反映“安徽太和县一临产孕妇到医院检查后被人迷倒，在异地醒来时发现腹中胎儿已被取走”的微博在网上疯传，迅速发酵成公共热点事件。翌日，当地警方找到当事孕妇，证实这是其自导自演的闹剧。原来，当事人怀孕4个月后检查发现胎儿畸形，便瞒着家人将孩子打掉，因担心家人知情后责怪，就策划了所谓的胎儿被盗案。如果警方不及时查清真相，这则离奇、惊悚的虚假信息，就会持续激起网民对医院乃至对社会的无端指责，产生更大的负面影响。此事表明，沸反盈天的讨论、义正词严的批判，很容易因为基本事实错误而自摆乌龙，徒然消耗公众情绪和社会资源。

为提高求证效率，可建立“联动甄别、多方印证”的调查核实机制，通过与有关部门合作，采取虚拟社会与现实社会相对接、网上与网下相统筹的办法，严密核查各类舆情信息的真伪。

第二节　分析研判

一、舆情主要内容

一般来说，与社会管理、政府行为、公平正义、民生保障、资源分配等相关的事件最容易引发舆情。中国社会科学院有关调研报告显示，舆情热点事件主要集中在安全、政治、民生等方面，如公共安全问题、官员腐败问题以及教育、医疗、食品、药品、征地拆迁、环境保护、劳动关系、执法司法等民生热点问题，备受公众关注，极易生成舆情，给社会治理带来严峻挑战。

二、舆情出现时间

舆情首次出现与得到广泛关注之间通常有一段或长或短的缓冲期或蛰伏期，如果工作人员能在此时段内发现并防止舆情扩散，将会有效降低该舆情事件对本部门或社会的危害。

一项基于34个网络热点事件传播时长的研究发现，通过网帖曝光和新闻媒体跟进，一个事件平均1.7天就可以从线下现实社会进入线上网民视阈，并开始在网上发酵扩散，三四天后就能传遍全网，成为热点。这意味着，舆情一旦在网上升级，吸引社会力量广泛参与，危机公关能够操作的时间就非常有限。因此，要高度重视预测事件舆情的出现和传播时间，早发现，早处置。

同时，要留心观察社会舆情。因为，虚拟社会与现实社会密不可分，现实中的敏感舆情在催生网络群体事件后，又很可能向网下发展成现实群体事件。

三、舆情所涉当事人

1. 身份

舆情所涉当事人是什么身份？他们属于哪个社会阶层？这个阶层的生存状况如何？只有弄清此类问题，才能有针对性地分析判断舆情的真伪和走势。因为不同阶层、不同身份的人对舆情事件的反应和态度是不同的，正如清代文学家张潮在《幽梦影》中所言：“官声采于舆论，豪右之口与寒乞之口俱不得其真；花案定于成心，艳媚之评与寝陋之评概恐失其实。”所以，不要轻信某一方的看法或成见，而是要仔细观察判断，去掉人为因素，得出客观、公正的评价。

很多时候，一个事件或由此催生的话题之所以引发舆论井喷，就在于当事人不是孤立的个体，其遭遇往往折射出其所属群体的生存状态，呼应着他们的现实感受，能迅速引起情绪共鸣，促使舆情升温，推动事态发展。

如，浙江温州乐清市蒲岐镇寨桥村原村委会主任钱云会带领村民上访维权，5年中曾3次被投入看守所。当2010年12月25日他被工程车撞死后，人们都不愿意相信公安部门的权威公正定性——一起普通的交通肇事案，而是怀疑他被人故意碾死，甚至网上还出现"他被5人按住由车碾压"的恐怖谣言。一时间，"钱云会为集体维权惨遭报复致死"的说法甚嚣尘上，严重扰乱了舆论视听，误导了社会公众。

又如，在南京天价烟事件中，周久耕的官员身份——南京江

● 天价烟事件发生后媒体上出现的漫画《天价烟局长》。

宁区房产局局长是舆情关注的焦点。2008年12月10日，他在一次媒体吹风会上表示，“将和物价部门一起对个别低于成本价销售的楼盘进行查处”。平心而论，“低于成本价卖房”的确会扰乱市场秩序，但百姓苦“天价楼”久矣，此番言论翌日见报并经网络转载后，立即在社会上引起强烈不满。众多网民直指周久耕对抗民意，为房地产商“托市”，并对其进行“人肉搜索”，曝出其抽贵烟、戴名表、开豪车等问题以及其弟是房产商、其子是建材商等内幕，引发舆论更密集的关注、更猛烈的批评，送其“天价烟局长”“最牛房产局长”“久耕托市”等多个极具讽刺意味的称谓，持续向其惊人言论、奢侈消费、裙带关系等发起质疑与诘责，逐渐演变成全国性的“网络弹劾”运动。纪检部门随后介入，对其“双规”、免职，最终查出其受贿110多万元，被判入狱11年。这起网络反腐的典型案例说明，网民完全有可能通过“大胆猜想、小心求证”的网络监督，达到扳倒贪官的目的。

据中国社会科学院发布的《中国新媒体发展报告（2013）》显示，2010—2012年，反腐案件首次曝光于新媒体的合计156件，是传统媒体的两倍。且所涉官员大都与周久耕一样，其最终的“倒掉”都始于一个与其违纪违法行为并不直接相关的“引子”。如陕西安监局原局长杨达才，因其在车祸现场脸露微笑的照片出现在微博上，立即遭到网民“人肉”，引爆其戴多块昂贵名表，最终纪检部门“按图索骥”，查出其严重违纪并涉嫌犯罪的事实。深圳龙岗区街道干部周伟思的落马，始于网民曝出其“坐拥20亿身家”“拥有80处房产”，当地纪检监察机关循此查去，发现其涉嫌受贿、行贿。前事不忘，后事之师。如今，一些官员视网络如洪水猛兽，害怕一不留神“自投罗网”，不知触发了哪门“引子”而自毁前程。

涉及“官二代”“富二代”的事件，同样备受舆论关注。在这种预设的身份标签指向下，大多数关注者都会“选边站队”，自动站在弱势群体一边，往往不求真相、只求“需要的真相”，然后同声相应、同气相求，对不同意见则合力围剿，变成“多数人对少数人的暴力”，对当事人形象及社会互信与稳定造成伤害。如2011年

9月，贵州锦屏县副县长尤成华的女儿被指“微博炫富”，尤成华的解释不但难以服众，反而越描越黑，原因就在于其“公仆”身份触动了人们对公权力的逆反心理和对立思维：凡是官都是错的，凡是民都是对的。难怪尤成华在接受媒体采访时感叹：“如果我是个普通老百姓，公众就可能相信我了。”

近年来，类似官员女儿、儿媳“微博炫富”的帖子不时出现，无不搅动起网民的疑虑不安情绪与仇官仇富心理。本来，合法致富不应被嫉妒，炫耀财富也属个人自由，公众之所以对官员亲属炫富感到不安，是因为当前官员权力约束、财产申报制度等尚不完善，容易诱发公众对权力腐败的想象与担忧、愤慨与谴责。当然，这也与自媒体舆论环境放大了基层官员的负面形象有关。

社会底层人物的辛酸遭遇及其极端的维权方式，也极易引起社会舆论的同情与声援。如2004年6月河南新密市农民工张海超为证明自己患职业尘肺病而开胸验肺、近年来广州海珠桥频繁发生的民工跳桥讨薪等极端化个案，都引发众多网民围观热议。

可以预见，随着我国城镇化进程的加快，更多“80后”“90后”新生代农民工涌入城市，涉及农民工维权问题的舆情事件将会越来越多。这是因为——

对成长于网络时代，用智能手机上网、看电子书、发微博微信、玩QQ的“新生代农民工”来说，其打工的利益诉求显然与其父辈有着天壤之别。比起父辈，他们或许少了些吃苦耐劳、任劳任怨，但文化素质更高、思想更活跃、价值观更多元、权利意识更强，不可能只满足于进城打工赚钱、回乡成家立业的传统农民工路径。他们除了努力赚钱，还希望自己的权益得到尊重，如工资不被拖欠、劳动安全有保障、节假日减少加班、帮助解决探亲房等；发展的机会得到保障，如参加职业技能培训，提升自身的能力和职级等；享受相应的公共服务和社会保障，如社会保险、公租房、子女在城市入托入学等。

调查显示，30岁以下的农民工中，半数以上的人希望留在城市。但“丰满的理想”碰到了“骨感的现实”，使得他们无论在职业状况、居住环境、人际关系、社会认可度，还是身心健康、收入水平、对未来的预期等方面，都与自身愿景之间有很大落差。主要表现在：期盼提高收入而不可得，降低了他们的幸福感；渴望融入城市而遭到无形排斥，挫伤了他们对城市的身份认同；而权利保障的滞后和缺失，直接助长了他们的逆反心理。这些就是引发外来工群体性事件的深层次原因。如2011年广州增城新塘“6·11”群体性打砸烧事件，就是在“川籍摆摊孕妇被保安打死”这一谣言蛊惑下，外地人对本地人长期积怨的一次集体泄愤。

值得注意的是，维权者即使是官员，只要为了伸张正义，也会受到舆论关注，甚至更容易成为全国性公共事件。如2012年5月4日《中国青年报》报道称，做了10年福建省寿宁县信访局长的柳乃华退休后，为女儿之死走上艰辛上访路——4月19日凌晨，其女儿在厦门男友家中坠楼身亡，事发前女方提出分手、双方激烈争吵，他怀疑女儿被人杀害，但警方认定为自杀。于是，他到厦门市政府跪访，并在微博发声求助。5月5日，此事被国内媒体大量报道和评论，迅速成为社会热点。《羊城晚报》发表题为《“信访局长下跪上访”的沉重拷问》的评论称，到政府上访、向权力下跪、借网络发声，这些原本应该是弱势群体表达诉求、企盼维权的无奈之举，如今却成了堂堂原信访局长的无奈选择；也许正是基于对“法治”的缺乏信心和对“人治”的依赖，以及对“信访局夹在老百姓和应该负责的相关部门中间，难受啊”的职业理解，才让“信访局长下跪上访”有了比常人上访更多的悲剧色彩。

2010年以来，官员自己或替人维权成为舆情焦点的现象明显增多。如湖北省孝感市中级人民法院法官冯缤因为当了10年后勤工的妻子被该院清退，在发现难以用法律诉讼维权后，于2010年6月21日至23日，一连3天身披法袍、胸佩国徽、手举“冤”字到省高级人民法院门口上访喊冤，迅速成为全国舆论焦点；2010年12月17日，89岁高龄的云南省政协原副主席杨维骏坐着政府专配用车，为昆明市西山区福海社区韩家湾村12名失地农民代表开道，带其到省政协反映问题，受到国内媒体集中关注；2011年10月20日，湖南省纪委

●“御史在途”微博。

预防腐败室副主任陆群在他的名为“御史在途”（御史是中国古代负责监察政府官员政绩和风纪的官职）的微博中，指称湖南长沙县公安局与房地产建筑商勾结，将前来讨薪的多名民工诱捕和殴打致伤，并同时反诘长沙县委书记杨懿文、县公安局长曾卫国：“你们敢说‘如果这些农民工的诉求合理，我立即辞职以谢天下’吗？”此事旋即在全国引起轰动。2012年5月4日，陆群又在微博连续爆料称，在5月2日的2011年度湖南省高校教师系列职称评审中，湖南警察学院教授刘一兵为方便参评教师向其行贿，居然在长沙一宾馆开房“迎接”。尽管此事未见权威调查结论，但仍迅速招致国内媒体铺天盖地的批评谴责。如《南方都市报》社论《高校行政化一日不除，评职称腐败一日不止》认为，以行政化的方式来分配学术资源，且又缺乏必要的监督机制，所形成的局面必然是掌权者因为收钱而马不停蹄，青年学者因为送钱而战战兢兢。最终导致的结果自然是“劣币驱逐良币”，整个高校只剩下为各种指标而争夺，为现实利益而纠缠的激烈场景。

涉及城管、警察、富商等身份的事件，也容易成为舆情热点。如面对城管执法，小贩游商有这样那样的抵触甚至对抗不足为奇。奇怪的是，作为城市管理受益人的围观群众，不仅少有为城管说话的，而且常常趁机起哄，阻挠执法，酿成网络舆情事件。追根究底，既有部分城管暴力执法损害了自身形象和公信力，也有人同情怜悯处于社会底层的小商贩，甚至不排除受人蛊惑。

因此，在分析事件舆情走势时，要准确把握不同群体的舆情态度，即抓住舆情的本质——群体的利益诉求和意见表达。

2. 数量

法国社会心理学家古斯塔夫·勒庞的理论告诉我们，“群体是个无名氏，因此不必承担责任”，所以，当人以群体方式聚集时，理智水平和理性能力处于最低状态，容易变得盲从、冲动和狂热。国内也有学者将聚众条件下非理性心态的特征概括为场景性、潜在性、从众性、情绪性、随意性、互动性、无序性和爆发性。因此，在突发事件舆情处置中，对当事人“量”的把握异常重要。事件所涉当事人越多，彼此关系越复杂，冲突的隐患越大，舆情升级的可能性就越大。

如2011年“7·23”温州动车追尾事故发生后，铁道部的救援措施和原因分析（如归因于“雷击”）不仅未能获得人们的信任，反而遭到社会舆论的一致声讨，激起更多网民自行发布“内幕消息”，导致舆情迅速升级恶化，直到时任总理温家宝抱病赶到现场，郑重表示“事故调查处理全过程要公开透明”，舆情才逐渐降温。究其原因，就在于高铁是一种公共交通工具，它的运行关系着千万旅客的生命安全。人们不仅关切遇难者及其家属，也担心自己会成为下一次“天灾”的牺牲品。

此后，公众持续以不信任的眼光，密切审视着关于高铁的每一个动态。如2012年3月23日，即世界气象日，由于罕见的大风天气影响，京沪高铁部分列车降速运行，造成晚点，引发了汹涌的质疑浪潮：为何世界上最贵最好的高铁那么怕风？许多人从这次高铁的“弱不禁风”，联想到“7·23”事故的那次“雷击酿祸”，以“怕雷的动车，怕风的高铁”之类的嘲讽宣泄着心中的焦虑与不满，瞬间引发舆论共鸣。

可见，温州动车事故很可能作为一个“高速高危”乃至“价高质次”的隐喻较为长久地烙印在人们心中，当我国出现类似交通安全危机时，该“伤痛”就会被再次追忆和提起。

3. 关系

舆情事件中，各方当事人（群体）的关系怎样？是否存在激烈冲突？他们的力量对比如何？这些因素事关舆情走向。

如，2011年11月发生的长江大学教授下跪维权事件，引来舆论惊呼，更将教授这一群体推向尴尬境地。有人认为，这代表着“知识”向“权力”低头，是一种耻辱；有人则称，只要能促进问题解决，教授下跪也无妨。无论看法如何，该事件中的力量对比关系是很明确的——教授是弱者，无法通过正常途径维权，曾经8次上书当地政府及有关部门反映污染问题，但都无疾而终，下跪是绝望后的无奈之举；政府是强者，即便在教授下跪当天，还有副区长抛出狠话：“非洲没污染，你们搬到非洲去。”正是双方力量悬殊，此事才会如此引人关注。

又如，近年来屡成热点的医患纠纷事件中，舆论声讨与专业解释的对立态度，有其复杂的社会语境。无论是“天价治感冒”的事实，还是“8毛钱治好10万元病”的误判，民间舆论总是天然地站在患者一方——毕竟每个人都可能生病。于是，一旦调查有缺陷或者解释不够权威，专家就成了无辜挨板砖的“砖家”，医院就玩忽职守难辞其咎的“祸首”。

此外，“我爸是李刚”“李双江之子无证驾车打人”“李双江之子等5人涉嫌轮奸醉酒女子”等事件中，人们不仅关心受害者的情况，更关注肇事者的“二代”身份，强烈谴责权贵阶层罔顾法纪、对弱势群体的肆意施暴行为，尽情发泄对以权压法、官官相护等社会不公现象的不满。

4. 情绪

当事人的情绪和态度如何？他们希望通过什么方式解决矛盾？

一般来说，当事人各方的看法、态度和诉求往往存在矛盾。如，在2009年5月16日发生的云南巧家县李昌奎因求婚遭拒奸杀王姓少女并摔死男童一案中，李、王两家人的诉求完全对立：李家希望自首能够减刑，王家则要求“血债血偿”。因此，云南省高级人民

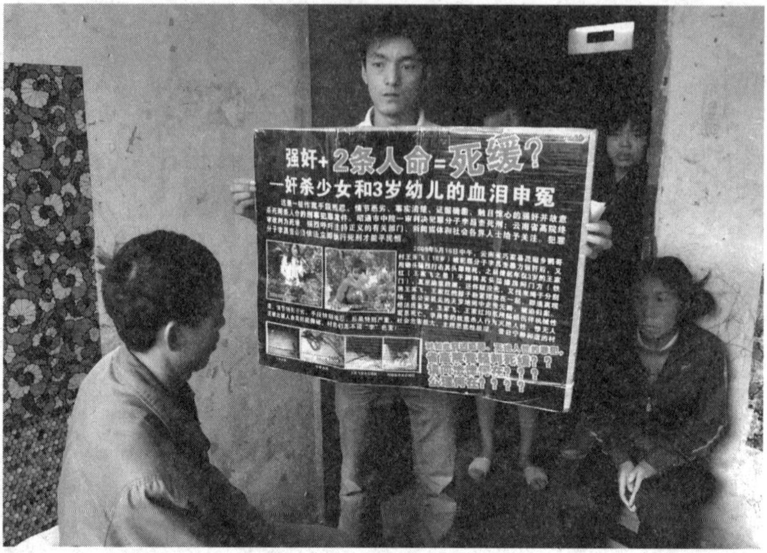

● 云南李昌奎奸杀少女摔死幼童被改判死缓引网络热议。

法院二审改判李昌奎死缓后，王家人不服，在各大网站发帖求助，获得广大网民声援，短短几天就有数十万条回复。接着，传统媒体呼应，专家学者发声，将该院推到舆论的风口浪尖，其审判程序、改判动机遭到公众强烈质疑。直至该院作出再审判决，以故意杀人罪判处李昌奎死刑，并经最高人民法院核准执行，舆论才告平息。

当前，我国社会最突出的问题之一，就是收入分配不公平，发展机会不均等，城乡、区域、行业和社会成员之间的收入差距不断扩大，基尼系数越来越高，突破了合理限度。与此同时，部分国企垄断现象严重，少数官员贪腐问题突出，为百姓仇官仇富心理的滋长和社会矛盾的积聚提供了土壤。普通百姓对此有切肤之痛。正如网上段子所言："世界上最远的距离，就是咱俩一起出门，你买'苹果4代'（iPhone4手机），我买4袋苹果。"网民的灰色幽默折射出贫富差距不断拉大的尴尬现实。要从根本上改变这一现状，关键是建立保障公平正义的制度，实现权利公平、机会公平、规则公平。

上述事实表明，当突发事件涉及的当事人身份和阶层（官与民、富与贫）悬殊较大、参与人数众多且存在强势与弱势的力量对比关系时，最容易激起网民的仇官仇富情绪和发泄谩骂行为，迅速生成舆情热点。

四、舆情参与者

1. 直接参与者

舆情直接参与者的数量、特征（性别、年龄、学历、职业、收入、地域）、人群构成情况（普通公民、公众人物、意见领袖）和公众对此事的态度与价值倾向（批判还是赞同）等，都是决定舆情走势的重要因素。

舆情参与者大多数为活跃网民。据《第34次中国互联网络发展状况统计报告》显示，截至2014年6月底，中国57.3%的网民是29岁以下的青少年，89.2%的网民学历为大专以下文化程度，学生群体占25.1%，月收入2000元以下的网民占49.4%，月收入5000元以上的网民只有13.4%，网民整体呈现出“年龄低、学历低、收入低”的“三低”特征。这“三低”群体，往往是突发事件网络舆情的积极推动者。他们在现实生活中普遍感到不如意，有强烈的挫折感和失落感，希望改变现状，网络成为他们疏解日常郁闷和宣泄不满情绪的理想平台。因此，突发事件特别是涉及公共资源分配的矛盾冲突发生后，当事人的事实陈述能够迅速唤起大量与之有着相似情感体验的“三低”群体的同情与声援。特别是其中的不满现实者和心理失衡者，往往倾向于挖掘和传播负面信息，试图借助网络掀起“民意大潮”乃至“网络集会”。

拥有话语权的公众人物或意见领袖更是举足轻重。他们通常是专家学者、演艺明星，社会地位高、公信力强、“粉丝”众多，其传播的信息、表达的意见、发出的质疑都会在很大程度上影响公众对事件或议题的基本看法，在舆情生成、发展过程中扮演启动者、组织者和引导者的角色，容易形成一呼百应的局面。其受众数和影响力不亚于一张报纸乃至一家电视台。请看以下三例：

例一：2011年11月，PM2.5这个专业名词的频现，在全国引发一场“城市环境风暴”，“环境权益”意识越来越强的众多公民对空气质量标准展开了热烈讨论。“抗非（SARS疫情）功臣”钟南山院士等专家学者呼吁广州环保部门尽快公开数据，采取对策治理环

● 2012年初，广东乌坎选举现场。

境；大洋网首席评论员万庆涛则把广州环保部门“暂不打算公布PM2.5监测结果”的表态，视为“掩耳盗铃的鸵鸟政策”。这些意见均得到广州市民的赞同，为省领导决定2012年珠三角率先公布PM2.5监测数据具有重要的参考和推动作用。

例二：2011年广东汕尾陆丰乌坎“9·21”群体维权事件发生后，部分网络意见领袖进村考察，持续发表微博评论，吸引网民集中关注和大量转发，其中的理性建设性言论受到事件处置者的高度重视。如中国社科院农村发展研究所社会问题研究中心主任于建嵘在微博上提出的重选村委会干部等建议，与后来广东省工作组充分尊重民意、支持重选村官等做法相吻合。境内外舆论称赞广东以平等、对话、协商的方式回应村民诉求，变“为民做主”为“由民做主”，因而赢得主动权。著名社会学家、北京大学教授孙立平发文认为，广东处置乌坎事件，提示了“一种新的、开明的解决社会矛盾的模式”，即“改变全输全赢的政治模式，学会妥协，寻求共赢”，“同时实现民众利益表达和维护社会稳定的双重目标”。这一观点得到很多专家学者和党政官员的认同，对乌坎事件后续舆论引导和类似问题处置具有积极意义。

例三：2007年厦门PX事件中，中科院院士赵玉芬等专家的建议获得公众和媒体声援，导致这个年产值高达800亿元的大项目被迫迁出厦门。此项目自2001年立项以来，媒体报道不多，且都以正面形象出现——PX是先进化工项目，能为本地带来丰厚收益。直到2007年3月全国“两会”期间，赵玉芬等105名全国政协委员联名提交的“关于厦门海仓PX项目迁址建议的提案”成为全国政协头号提案后，该项目才迅速进入公众视野。此后，赵玉芬等专家不断在网络和当地媒体解释PX项目的危害性及相关法律政策，助长了厦门市民的忧虑和激愤，引发大规模群体上街“散步”。为了缓解专家与公众联手对抗政府的紧张局面，厦门市政府先是召开座谈会听取民意，继而决定重新进行环保评估，最终宣布将项目迁往漳州，无不体现出被动挨打、步步退让的妥协与无奈。

当然，如果意见领袖传播虚假信息、发表不当言论，对社会舆论的误导、造成的不良影响就会更加严重。因为相比普通网民，意见领袖“粉丝”多、威信高、影响大，谣言一旦经其转发评论，就会成倍放大并在现实生活中发酵，而公众往往对其盲目追随，宁愿信其所言，也不会探究其信息的真伪，判断其议题的对错，故很可能导致人们思想混乱，甚至会诱使公众丧失理智、冲动行事，扰乱正常公共秩序，危害社会安定团结。

值得警惕的是，当前确有一些意见领袖缺乏良知和责任，有的为了迎合底层群众，以“打倒权贵”和“替弱者代言”自居，上纲上线喊口号，奉行“弱者天然代表正义”，强迫网民在官员与民众、富人与穷人、城管与小贩的二元对立中，无条件地站在看上去“弱势”的一方；有的不够谨慎，稀里糊涂地被利益裹挟，甚至沦为利益代言人，指错了道、带歪了路，以致挨群众的“板砖”而被戏称为“砖家”；有的视察不严，不经意地充当了谣言传播的中转站和催化剂，扩大了社会危害。因此，对网络名人发布的信息也不能轻信盲从，同样要细加甄别，判断真伪。

2. 沉默的大多数

突发事件发生后，相关信息急速传播，引发社会关注，除了一部分直接参与舆论、频繁交流互动的公众外，还有大部分公众保持沉默，未直接发表意见。

这“沉默的大多数”主要有三类人群：一是漠不关心，“事不关己，高高挂起”；二是由于经济条件、文化程度、权利意识等主客观因素的制约，无法形成或表达自己的态度和意愿；三是崇尚理

● 2010年7月28日，南京塑料四厂发生爆炸，消防队员正在事故现场灭火。

性思考，不屑于参与网络讨论，主张以实际行动代替夸夸其谈，以默默付出改造并不完美的社会现实。

尽管“沉默的大多数”不主动发表意见，但他们也密切关注事件动态，有自己的判断和看法，往往会参与到突发事件的后续进程中，影响事件舆情走向。如2010年南京“7·28”丙烯泄漏爆炸事故发生后，抢救受伤人员急需大量血液，市民纷纷前往献血站无偿献血，仅28日事发当天就主动献血31.4万毫升，是平时日均献血量的10倍。市民的爱心、义举冲淡了事故的负面影响，促使舆情朝积极正面的方向转变。

“沉默者”中有相当部分是农民工，他们知识水平有限，终日忙于生计，往往无法对突发事件形成深刻看法，也难以通过媒体或网络发表意见，但常常用实际行动表明态度。如2011年，江西南昌、湖北武汉等地相继发生农民工抬车救人事件，这一义举不仅拯救了生命，感动了公众，更弘扬了社会道德与良知，是对现今社会冷漠观望者的有力回击。即使在知识界，活跃在网上的知识分子也只是少数，更庞大的群体基本不在网上发声，比例甚至低于领导干部。

“沉默的大多数”可能导致真实民意被忽略，甚至会因少数偏激、虚假的民意被人为放大而使真实民意受到扭曲，从而影响网络舆情研判的准确性。

3. 媒体

媒体的关注度（新闻报道和评论）、媒体的性质（机关报台或都市类媒体、境内或境外媒体）、媒体的倾向和主张等，都是推动舆情发展的重要力量。

媒体在新闻宣传、舆论引导方面的作用不言而喻。在舆情研判中，对境外媒体舆情参与程度的分析应列为重点。倘若某一事件已经引起境外主流媒体的关注和报道，往往说明该事件非同寻常，极易被西方国家当作对我意识形态领域渗透破坏的重磅“炸弹”，政府部门需要慎重对待。如，陕西镇坪县华南虎照造假事件、贵州瓮安县群体打砸抢烧县委县政府县公安局大楼事件、湖北巴东县女服务员邓玉娇刺死对其非礼官员事件、湖南“上访妈妈”唐慧诉永州市劳教委事件、广州番禺区垃圾焚烧发电厂选址事件、广州“推普废粤”伪命题事件、广州增城市新塘镇群体打砸烧事件、广东汕尾市陆丰乌坎村民集体维权事件等经外媒集中报道后，均引起国际社会高度关注。对此类事件，政府处事部门的一举一动都应小心谨慎，以免引发新的负面舆情。

当然，对境外某些媒体的炒作攻击也不必过于在意。这些媒体深谙传播叙事之道，往往由一件小事切入，拐弯抹角地将矛头引向我政府部门，甚至赤裸裸地无端指责抹黑。这种不怀好意或博人眼球的“独家报道”，多半不会引发大范围的舆情共振。

4. 政府

突发事件发生后，政府的态度和处置（介入程度、定性定论、措施及成效等）是舆情发展的关键。

诚恳的态度和公正的处置是化解舆情的“良药”。如，2011年6月，四川会理县政府网站的一张领导视察的PS造假照片在网上疯传、引发轩然大波后，当事人并未自我辩解、卸责推诿，而是立刻开通微博，公开认错道歉。由于态度真诚、言辞恳切，不仅成功化解了舆情危机，还借“出名”之机顺势推介当地旅游资源，完成了一次漂亮的舆情大逆转，堪称政府危机公关的成功样本。

又如，2012年7月底，网民发帖举报广东中山市人社局纪委书记梁国影利用职权，拔高她儿子的公务员考试分数，使其得以面试并被录取。就在舆论关注之初，中山市纪委迅速发声，表示要严查此案，并于8月6日公布梁国影被“开除党籍、开除公职、移交司法”的处理结果，另有5名涉案官员被查处。至此，网上不但不见批评质疑声音，反而与传统媒体一道称赞“中山这次对官员徇私枉法、滥用职权的‘零容忍’，及时回应了公众关切，更为以后同类事件的处理树立了难得的标杆”。东方网评论认为：“中山市委、市政府在这一事件中表现出来的民意汲取能力和舆情危机应对能力，值得肯定。从舆情的传播路线和政府应对的处置步骤看，基本实现了同步跟进。来自官方的持续的信息发布，虽然吸引了更多的网友围观，但却有效降低了围观网友的整体负面情绪。”

相反，如果政府不敢承担责任，无视或蔑视舆情，只会加剧危机，陷入恶性循环。近年来，诸多突发事件在进入责任追究阶段时频现“临时工”的身影：深圳“公然入室强奸妇女的联防队员”“开警车肆无忌惮打人的派出所巡防队员”被视为“临时工”；江西修水县“发飙打人的女民警”被看作“临时工”；延安“跳脚踩头”暴打商贩的城管被称为“临时工”；北京“伪造‘中华脊梁·十大杰出人物’评选活动文件的职员”被说是“临时工”……“临时工”成了某些行政执法部门自证清白与遮丑卸责的托词，解聘“临时工”成了其应对社会舆论与减轻自身责任的方式。真可谓“哪里有险情，哪里就有临时工”。这频繁出现的“临时工现象”，令浙江理工大学法律专业大二学生魏煌雄十分不解甚至担忧，驱使他于2013年6月8日致函询问国家人社部：“临时工”的定义是什么？行政部门到底有多少“临时工”？更令人匪夷所思的是，有的地方政府部门就连文物古迹让位于房地产开发，也文过饰非，愚弄公众，居然美其名曰“保护性拆除”。这些权责不分、推卸责任的表态，一次次刺痛公众的神经，一次次招来舆论的质疑，令涉事部门的公信力和形象受损。

因此，对于公众关注度高、媒体报道多、政府介入深，公众、媒体与政府之间关系紧张的事件，舆情工作者应当特别留意，及时分析报送相关敏感舆情，提出切实管用的应对建议。

五、事件敏感程度

1. 国内

当前，我国正处于改革攻坚期、发展关键期、社会快速转型期和利益深刻调整期，各种深层次矛盾问题集中凸显，人们为了生存需要对公平正义的诉求极其强烈，但现实状况却是不少公共资源及效益集中在少数人手中，极大地增强了庞大的社会底层和边缘群体的“相对剥夺感”，使许多人心理受到冲击、产生震荡，弥漫着焦虑不安情绪，社会信任度明显滑落，不同利益群体之间存在误解和偏见，部分家庭成员之间、人与人之间、官员与民众之间、富人与穷人之间充斥怀疑心态和不信任感。这些不良情绪，驱使一些人以先入为主、选边站队的思维，对有关信息和言论“选择性相信或不信”。特别是负面言论、群体愤怒、造谣传谣、哗众取宠等乱象丛生的网络，在某种程度上就像一个社会情绪的“高压锅”，任何负面舆论热点都可能将它引爆，酿成不良社会后果。正如中国社科院社会问题研究中心主任于建嵘所言：今天中国社会最新的变化，就是社会结构、人们心理的失衡进一步加深，有越来越多的事件来刺激人们。而人们在心态上、行为上都产生了严重问题，做事越来越不计后果，心比较狠。如2013年6月7日厦门公共汽车纵火案、7月20日首都机场人为爆炸案等，都是由于当事人经历不如意或生存压力大，导致心理变态和行为失控，做出丧失人性的报复之举。

在这样的时代背景和社会心理下，很多起因简单、偶发孤立的小事件，往往不经意间触动网民的敏感神经，卷入舆论漩涡。有的当事人还没明白过来，就被推上舆论的审判台，被迫承受全社会的嘲讽和批判。如，只因一块五道杠臂章，喜欢读党报看《新闻联播》的少先队武汉市副总队长黄艺博迅速蹿红网络，被称为“政治儿童”，遭到众多网民的“人肉搜索”和恶搞嘲讽。人们借机发泄对公权力的不满，却无视这对一个13岁少年的成长会造成怎样的伤害。又如，一位13岁小姑娘说了一句“很黄很暴力”就被“人肉”隐私，一位中学生在埃及古迹上涂鸦就遭口诛笔伐，都是因为事件的敏感性触动了部分网民的狂野神经和失衡戾气。

舆情所涉事件的敏感程度可从以下四个方面作出判断：

（1）当事人身份。官员、警察、城管、富豪、医生、教师、外国人等，均为敏感身份。近年来，“仇官仇富”“逢官必闹”“逢富必究”已成为舆情事件的突出特点。如，2010年山西洪洞县“11·12”民警被害案中，死者王建雄正是因为警察身份和3亿元财

● 2009年7月5日，新疆乌鲁木齐发生打砸抢烧严重暴力犯罪事件。上图为事发前同一地点。

产，被树为“官员腐败”的典型，遭到舆论猛烈抨击；2013年7月30日，湖北宜城市委政法委副书记吴光山因拒交4元停车费而挥拳打人事件，之所以激起众多网民不可遏止的怒火，就在于当事人的所为完全走向其身份的反面。

又如，2011年8月，7名外国人获准在中国青海狩猎的消息一经传出，便遭到中国动物保护组织和广大网民的强烈质疑和坚决反对。

（2）事件性质。涉及“民族”“民主”“人权”“法制”“宗教”等内容的事件，尤为敏感。如，2009年广东韶关旭日玩具厂“6·26”汉维员工斗殴事件，本是一起因误会引发的普通治安案件，却由于两名新疆籍员工死亡，被“世维会”等境外敌对势力和境内别有用心的人所利用。他们在网络论坛和个人空间大量发帖，煽动闹事，最终引发新疆乌鲁木齐“7·5”打砸抢烧严重暴力事件，造成重大人员伤亡和财产损失。

又如，2012年6月，佛教圣地普陀山的管理者计划通过上市募集7.5亿元发展资金，随即引发“佛教名山是否应借宗教之名圈钱”的广泛争议。在众多主流媒体的批评和网民几乎一边倒的抗议声中，国家宗教局一司副司长刘威公开表示：“寺庙道观是满足信教群众宗教活动需求的场所，是民间非营利组织；综观世界其他国家，从没有将宗教活动场所打包上市的先例；发展市场经济应该有边界，要符合社会的基本底线。”无疑，舆论的批评指责包含着对以佛之名圈钱的厌恶，透露着对净土流失的惆怅。正如网民感叹：“如今已无净土，一切皆为利往。世风沦落至此，谁之过？悲哀！”

（3）事件发生时间。在国家举行重要会议、重要活动期间，或者具有特殊意义的日子出现的突发事件，属于敏感事件。如，2008年8月9日中午，北京奥运会开幕第二天，47岁的杭州男子唐永明持械袭击了在京城鼓楼游览的一对美国夫妇，致使男性游客死亡，女性游客和中国籍导游受伤，唐永明随后跳楼身亡，引来全世界媒体和公众的极大关注，给赛事的举办留下了阴影。

又如，2010年6月初，即广州亚运会开幕前数月，广州市政协有关“建议广州电视台新闻和综合频道全部或在主要时段改用普通话播音”的提案，引发了一场历时两月的“粤语保卫战”：众多“老广”联名抵制，一群名人齐声发难；“文化冲突”“广州人面临集体失忆”等字眼频现报端，“普粤之争”波及海外；网民发帖号召集会抗议，广州江南西路及香港等境外城市出现群体游行……广州市政府两度向媒体表示不采纳广州市政协有关建议，不存在所谓“推普废粤”“弱化粤语”等做法，才打消市民疑虑，避免事态恶化。

（4）事件发生地点。如，在景区收取门票本是理所当然，但“北川地震遗址设岗收费”却遭到网民炮轰，原因就在于北川遗址是悼念同胞和纪念灾难的地方，灾难遗址的建设和维护属于公益项目，不应成为政府部门或个人创收的手段。

又如，2001年1月23日，7名来自河南省开封市的“法轮功”痴迷者轻信李洪志“放下生死、升天圆满”的蛊惑，在北京天安门广场集体自焚，造成2人死亡、3人严重烧伤，世界为之震惊。如果此事不是发生在天安门，而是在其他不知名的地方，就不会造成如此广泛的社会影响。

2. 国际

国际敏感事件主要有以下几种因素：

（1）国际关系。从全球范围看，随着中国国际地位和影响力的攀升，一些国家和地区开始以复杂心情甚至戴有色眼镜看待中国，“中国威胁论”“中国崩溃论”等论调不绝于耳，使中国面临的国际形势更加严峻。如，2011年10月5日，两艘中国商船上的全部13名中国船员在泰国湄公河被人用残忍的手段杀害，场面惨烈。国人闻之，群情激愤，要求缅甸、泰国、老挝等国彻查真相、严惩凶手。如何在既要安抚国民情绪，又不影响同周边国家友好关系的前提下妥善处理此事，是我国对外部门必须谨慎破解的难题。难能可贵的是，在中老缅泰四国警方通力合作下，“湄公河惨案”主犯、缅甸人糯康于2012年4月25日在老挝落网，移交中方后被依法处死。

由于存在复杂敏感的历史纠葛，中日关系极易成为舆情热点。《2011年中日关系舆论调查研究报告》表明，中日双方相互好感度明显下降，中国公众对日好感度为28.6%，比2010年下降了近

10%。领土问题成了中日两国关系发展的最大障碍。2010年9月7日在钓鱼岛海域发生的两艘日本巡逻船与一艘中国渔船相撞事件，使中日关系一度紧张起来，激起民族情绪，引发舆情聚焦，直到日本释放了中国船长詹其雄，国内舆情才逐渐平息。2012年8月15日，日本非法抓扣了14名香港“保钓”人士，再次激起我国政府和人民的强烈声讨，迫使日方很快无条件放船放人。随后不久，日本又公然将钓鱼岛“收归国有”，更加激起中国人民的愤怒声讨和示威抗议。日本右翼分子试图否认历史，否认对华侵略，多次对南京大屠杀大放厥词，莫不遭到中国政府和人民的强烈抗议和谴责。为牢记历史、勿忘国耻，全国人大常委会于2014年2月27日决定将每年的12月13日设立为南京大屠杀死难者国家公祭日。

（2）境内外敌对势力的影响。近年来，“法轮功”邪教组织、“民运”分子以及“藏独”“疆独”等分裂势力异常活跃，他们借助互联网等全球化媒体，散布不实之辞，煽动民众闹事，企图危害国家安全，破坏社会和谐稳定。

（3）西方国家的和平演变。如，以美国为首的西方发达资本主义国家，把谷歌退出中国内地、刘晓波获诺贝尔和平奖等事件当作其和平演变战略的棋子，因而此类事件自然受到西方一些媒体的大肆炒作。此外，也有一些专家学者公开或隐秘鼓吹西方普世价值、宪政民主、自由主义、公民社会，对青年人进行思想渗透，在舆情引导上扮演着另类角色。

总之，对突发负面敏感事件，舆情工作者必须保持高度警惕，深入研判其敏感因素和舆情走势，为事件处置提供决策参考。

六、事件危害程度

1. 有形伤害

有形伤害包括人员伤亡、经济损失、环境破坏等。

在我国，地震、矿难、爆炸、疫情、污染、洪灾以及医疗事故、食品中毒等对社会的有形伤害是非常严重的。汶川大地震导致69227人遇难，374643人受伤，17923人失踪，直接经济损失达8452亿元；近10年我国煤矿安全事故死亡总人数为47902人，年均死亡

2008年“9·8”山西襄汾溃坝事故调查进展通报之一。

4790人；山西疫苗事件中，多名儿童疑因注射问题疫苗致死或残；中海油渤海漏油污染面积达840平方公里，渔民损失逾10亿元，对环境污染的长期影响更是难以估量。

在突发事件舆情传播中，对人的关注和救护始终是第一位的。因此，在舆情收集和分析过程中，首先应统计人员伤亡情况，数据要翔实可靠、经得起推敲，企图隐瞒或少报伤亡人数的做法是行不通的，只会损害公众对政府的信任，甚至会影响官员仕途。如2008年山西“9·8”襄汾溃坝事故造成277人死亡，但涉事部门起初竟然谎称“因山洪暴发造成一死一伤”，被媒体揭穿后举世震惊，导致时任省长孟学农辞职，一副省长被免职，包括瞒报者在内的58名责任人被判刑。可见，隐瞒事实只会恶化事件性质，带来更严重的后果，付出更沉重的代价。

2. 无形伤害

无形伤害包括瓦解社会公平和社会信任、损害党委政府形象等。

近年来，中国社会的道德缺失和信任危机已渗透到经济、政治、文化等领域，突出表现为官民冲突频繁发生，职业群体（医生、教师、律师、警察、法官、记者等）丑闻不断，唯利是图歪风盛行，不时催生负面舆情，刺痛人们的敏感神经。

如，2011年11月初上海20多名女中学生组成“援助交际团”一事经媒体报道后，社会各界一片哗然，人们在痛批当事人“一切向钱看”的同时，也开始反思社会价值观的堕落；2011年6月20日引爆的郭美美微博炫富事件，暴露了中国红十字会的财务监管等问题，瓦解了慈善组织的公信力，由此引发的信任危机导致多地一度出现“血荒”和抵制捐款；2011年10月13日广东佛山两岁女童小悦悦遭两车碾轧、18名路人“不闻不问”，2012年7月3日湖南娄底青年邓锦杰跳河救人献出生命、被救者抛下“关我屁事”的绝情话后不辞而别，拷问社会人性和道德；2011年8月16日天津车主许云鹤因搀扶跌倒老人被判为“肇事”、赔偿10万元，被不少人直斥“恩将仇报”，发出“救人有风险，出手须谨慎”的心酸忠告；2010年3月湖南金浩茶油被发现致癌物“苯并芘”严重超标，同年8月被媒体曝光后当地质监部门辩称，粮油关系国计民生，不公开问题是为了“维护社会稳定”，激起民众对官商勾结的质疑和对监管乏力的不满；2013年2月11日，黑龙江伊春市伊春区检察院副检察长于立峰醉酒驾车撞人致死、逃离现场后找人顶替行径在网上曝光后，引起网民的强烈谴责以及对政法队伍能否捍卫社会公平正义的担忧……

从以往经验看，无形的伤害虽然是软性的、不可量化的，但对社会造成的影响更为深入和持久。因此，舆情分析需要有效评估事件可能造成的社会伤害，提醒有关部门采取积极有效的应对措施，帮助疏解公众心理压力，促进社会健康持续发展。

第三节　预测走势

一、了解舆情生命周期

1. 潜伏期

突发事件在受到社会广泛关注之前，通常要经历一个缓慢而平静的舆情积累、发酵过程。期间，舆情尚未完全显露，多为隐性状态，处于爆发前的量变阶段，舆论看法各异，没有形成集中的共同

● “瓮安之变”成为贵州创新社会管理、做好群众工作的“鲜活教材”。2011年11月19日，在得到满意答复后，群众从设在瓮安县公安局一楼的信访接待室内走出。

话题和较强的统一力量。故此，这是舆情应对的最佳时期，但也最不易察觉。如果舆情工作者具有足够的敏锐性，能及时发现舆情苗头，就能为舆情引导赢得宝贵时间；反之，直到舆情汹涌时才分析报送信息，处理起来就难上加难了。

如2008年贵州瓮安县“6·28”事件发生前，“读书苦，读书累，读书还要交学费，不如参加黑社会，有吃有喝有地位”等顺口溜就为当地群众所传唱，反映了人们对利益受损的气愤、对黑恶势力的憎恨和对公安机关不作为的不满，干群关系、警民关系已经非常紧张。如果当时政府部门能够及时捕捉相关舆情，从这些顺口溜中发现并化解社会矛盾问题，也许瓮安就不会发生打砸抢烧县委县政府、县公安局大楼的群体泄愤事件。

正因如此，时任贵州省委书记石宗源指出：“这起事件看似偶然，实属必然，迟早都会发生。即使没有李树芬自杀案，瓮安也很难避免‘6·28’事件。”当地群众直言：“一些人到县政府示威，貌似为李树芬讨公道，其实他们都是为自己讨公道。”“瓮安以矿产富于一方，但政府税收增加了，村民利益不增反损，这是瓮安事件的根本诱因。”如今，那座位于闹市中心的县委大楼遗址依然瓦砾残存、火痕可辨，已成为贵州省警示教育基地。

由于移动通讯、智能手机等技术设备以及微博、微信等新媒体极大地提升了信息传播和民意聚集的速度，舆情的发生往往跳过了潜伏期，让涉事者毫无准备、措手不及。如2011年广州某区街道办事处主任刘某裸聊、云南曲靖铬毒污染等事件均无任何预兆，消息甫一传出，便急速引爆舆情。

涉及百姓人身安全的舆情，也往往骤然发生。如2011年2月10日，江苏省盐城市响水县化工厂一名运送土方的工人，发现一个车间冒起了白烟，便打电话告诉朋友，“响水化工厂爆炸”谣言由此迅速传开，引发周围村镇“万人大逃亡”，有4人因车祸丧生。又如同年3月11日，日本东海岸发生9.0级地震，造成福岛第一核电站发生核泄漏事故。当天中午，浙江省杭州市某数码市场的一位网名为“渔翁”的普通员工在QQ群上发出“储备食盐防辐射”的倡议，迅速引发一场全国范围的辐射恐慌和抢盐风波。

2. 爆发期

舆情从隐性变为显性并且快速扩散，引发公众强烈关注。在极短时间内，事件迅速成为社会焦点，相关信息形形色色、真假共存，传播呈现雪崩式的速度、广度和强度，舆情火势越来越猛，各种言论在网上网下正面交锋，社会各界开始介入事件。如2011年5月，在北京故宫“十重门”事件中，从“失窃门”到“错字门”再到“会所门”直至“解雇门”，一场场“闹剧”让态度傲慢、推卸责任的故宫在舆论漩涡里越陷越深，负面信息呈几何级数增长，公信力跌至冰点。

3. 蔓延期

持续时间相对较长，舆情不断发酵。这一阶段，传统媒体、新兴媒体、社会公众、专家学者、组织机构等多方力量纷纷介入，共同推动舆情发展。蔓延期的舆情并非总是直线式地上升或下降，往往呈现出“一波未平，一波又起”的波浪式轨迹，一个热点尚未消退，另一热点又被爆出。

如，2011年11月10日云南师宗矿难发生后，政府部门迅速启动应急预案，全力以赴展开救援，舆论虽有所指责，但更多的是为遇难矿工祈祷。然而，当值班领导戚谷明遇矿难逃生、伪装带班下井的真相被曝光后，舆论炸开了锅，网民纷纷攻击和批驳形同虚设的“带班下井”制度，使原本趋于消散的舆情又重新聚集，迅速生成新的热点话题。

4. 衰退期

随着事件妥善处置和新热点或话题的出现，事件关注度下降，公众注意力转移，社会秩序开始恢复正常。但舆情并非彻底消失，而是作为态度、意见，在人们心中积淀下来，今后很可能由于某一事件或某个诱因，重新回到人们的视野中，再次引发舆情热浪。研究表明，舆情由情（情绪）、知（认知）、意（情感倾向）等因素构成，这些精神因素一旦在人的脑海里出现过，就不会完全消失，而是被记忆下来，添加到人们的思想和情感世界中。

如，2010年河南赵作海杀人案沉冤得雪后，湖北佘祥林案、河北聂树斌案、呼和浩特呼格吉勒图案等曾经引发舆情聚焦的冤假错案重新进入公众视野，人们再次呼吁完善司法监督程序，用制度杜绝人祸、保障人权。

二、预测舆情发展趋势

舆情发展趋势预测，又称前瞻性舆情分析，是舆情研判工作的一个重要环节。准确预测舆情趋势，未雨绸缪，防患于未然，可为下一步工作争取主动。预测舆情并不容易，需要立足舆情现状，综合考虑公众态度与评价、事件背景与原因等多种因素，以超前思维和敏锐洞察力去见微知著，设想舆情发展的种种可能。

一般而言，舆情的发展遵循比较明显的传播路径：事件发生或曝光→舆情生成或出现→舆情依托网络、手机短信、传统媒体以及口传媒介等大范围传播，质疑、争议加剧→舆情在公众、媒体等作为下发生形态、指向、功能变异→群情激昂，出现聚众等行为舆论→舆情在政府、媒体引导下发生衰减。

1. 掌握舆情现状

预测舆情走势的第一步，是全面掌握舆情现状，形成综合性认知。主要关注以下内容：

第一，舆情扩散程度：舆情的传播量、传播范围，舆情处于生命周期的哪个阶段；

第二，舆情导向：主流舆论的评价（正面、负面或中性），公众和媒体的情感倾向（同情、愤怒、反讽、戏谑等），事件矛头指向（个人或机构）；

第三，舆情形态衍变：舆情停留于口头议论还是落实于行动。

2. 分析舆情走向

预测舆情走向并非一时之功、朝夕之事，需要工作人员对各类突发事件舆情特征进行长期深入的分析研究，掌握其演变规律。综观近年来频繁发生的各类突发事件舆情走向，大致遵循以下规律：

第一，自然灾害。国内国际公众获知灾害发生→通过物资捐助、志愿行动提供支援→担心自身处境，易受不实传言影响，产生恐惧心理→政府、媒体提供权威信息，安抚人心→关注救助工作是否有序有力（款项是否到位、程序是否合理、措施是否有效）→反思灾害原因，尤为关注天灾中的人祸成分→要求政府科学应对，加强事前预警。

第二，事故灾难。对事故性质、人员伤亡、财产损失表示震惊→关注事故处置工作（善后处理、原因调查、责任追究）→探讨如何杜绝此类事故发生。

第三，公共卫生事件。舆情关注事件→对涉事主体（政府、企业）的信任度急剧下降，控诉商家唯利是图、政府监管不力→主流信息渠道不畅，谣言、流言迅速传播→公众恐慌引发抢购药品、食品热潮，易引发社会安全事件→权威部门、媒体辟谣，公众情绪逐渐稳定→总结事件原因，反思国人表现。

第四，社会安全事件（以群体事件为例）。偶然（或蓄意策划）事件激发群众长期积怨，多人聚集，抗议示威→现场情况上网，网民竞相围观，意见领袖推动，展开激烈讨论→警方进入现场，对峙局面形成→传统媒体跟进，采访顺利或受阻→警民冲突，导致人员伤亡、经济损失→网上网下舆情不断升级，危机加剧→官方采取强硬措施驱散群众，社会秩序恢复正常（若措施失当，将引发更大的舆情危机）→舆情持续关注责任追究等处置工作。

值得注意的是，近年来，在群体聚集事件处置中，决策者越来越尊重公民合法权利，力争以平和、理性的方式化解对峙局面。如2011年广东汕尾陆丰乌坎村“9·21”群体维权事件发生后，面对设置路障、阻止官员进村调解的上万民众，处事者并没有动用警力强行清场，而是以平等对话协商、满足合理诉求的柔性处理方式化解了激烈情绪，赢得村民信任，促使村民自行撤除路障，列队欢迎省工作组进村。这种做法受到国内外舆论的广泛好评。

做好突发事件舆情信息工作，需要争当“急先锋”，不放“马后炮”。只有熟悉各类事件舆情生成规律，掌握事件每个阶段的舆情特点，才能及时、全面、准确认识和把握舆情本质与发展态势，做到心中有数，从容应对。

第四节　提出建议

提出舆情应对建议，为事件处置者科学决策提供参考，是舆情收集分析的终极目的。要在正确鉴别舆情信息的真实性、重要性，全面思考问题、深入分析原因、准确预测走势的基础上，根据公众心理预期和舆情引导方向，提出科学合理、具有实际价值、可付诸实施的舆情处置对策建议，做到有的放矢、对症下药、切实管用，成为决策者的“参谋”和“助手”。

一、针对性强

对策建议不能泛泛而谈，要针对舆情焦点和走势，提出化解舆情风波或转移议题的正确思路和具体措施。

以2009年9月发生的广州番禺垃圾焚烧发电厂选址风波为例：由于附近居民主要通过网络来表达诉求和组织聚会，与政府的舆论交锋基本在网上进行，有关部门为此提出了主动设置议题、与网民良性互动等建议。当地政府采纳建议，迅速组成垃圾焚烧问题专责小组，在网上开展“广州生活垃圾处理问政于民”活动，发动网民建言献策，有效引导了网上舆论，平息了“反烧”浪潮。

二、操作性强

对策建议应有很强的实用性和可操作性，或能回应舆情呼声，或可引导舆情走势，否则，空有指导原则和战略思路，无异于纸上谈兵，难以执行，难收实效。

如，2010年7月下旬，为防止广州“撑粤语大行动”舆情骤然升温，有关部门建议尽快择机召开新闻发布会，邀请中央、港澳驻粤媒体及省内主要媒体参加，再次强调政府不存在所谓“推普废粤”“弱化粤语”等做法，明确表示不采纳广州市政协有关亚运期间广州电视台新闻和综合频道改用普通话播音的建议，介绍政府部门高度重视保护岭南文化的各项政策措施，表明政府愿意倾听、充分尊重市民意见建议的真诚态度，呼吁群众通过正常途径表达诉求、不要进行非法集会。广州市政府据此建议召开新闻发布会，有关负责人向公众解释、澄清，指出“推普废粤”是伪命题，有效打消了市民的误解和疑虑，避免了事态进一步升级。

三、预警性强

舆情信息工作要有“提前量”和“前瞻性”。在某些舆情初露端倪之时，就要察觉其未来趋势，预测可能出现的舆情热点，为下一步舆情应对做好充分准备。同时，舆情既有地域性也有普遍性，特别是网上热炒的重大敏感舆情，往往具有很强的传染性和“蝴蝶效应”。因此，舆情研判要发挥预警作用，善于挖掘分析那些可能发生、影响全局的潜在舆情，及时为决策者提供防范处置的对策建议。有两条实用路径可供参考：

一是巧用“他山石”。要开阔视野、旁征例证，让外地发生的舆情热点事件“为我所用”，从中找准最佳角度，以“他山之石”攻我同类舆情之“玉”。如有关部门在舆情报告《把握外媒报道规律 做好亚运舆情应对》中，从认真分析境外主流媒体报道上海世博会的规律特点入手，预测广州亚运会期间境外媒体的关注重点，提出应对建议，为做好亚运外宣服务保障提供了重要参考。

二是掌握新动向。围绕全国和本地经济社会发展中的“大局、大势、大事”，通过媒体、网络、信访、内参、座谈、调研等多种渠道和手段，全面搜集、及时研判可能影响经济发展和社会稳定的苗头性、倾向性、内幕性、攻击性、煽动性、行动性信息，准确预警，早做预案；一旦出现重大敏感问题或事件，立即启动应对预案，做好舆情引导工作。

四、启示性强

舆情深度分析的核心价值在于观点和见解的新颖深刻，在于研判结论和对策建议的指导性和启示性，能有效转化成决策措施。

如，2010年6月，有关部门在总结上半年广东企业员工停工事件呈现出地域集中、行业集中、诉求集中等特征的基础上，对企业员工停工值得注意的新趋势做出了深刻研判：常态化，由偶发向多发发展；连锁化，由单个企业向关联企业发展；组织化，由自发向有组织发展；政治化，由经济诉求向权利诉求发展。这些既立足材料又高屋建瓴的研判结论，具有深刻警示意义和重要参考价值，引起有关部门高度重视，并被相关文件所吸纳。

又如，2010年深圳富士康集团员工频繁跳楼事件中，有关部门在持续报送重要动态信息的同时，从企业管理、工资待遇、人文关怀、社会压力等方面探讨原因，提出适当提高工资、关心员工生活、重视心理疏导等具体建议，为当地政府随后出台相关政策措施提供了重要参考。富士康亦采纳建议，付诸行动，三次加薪，减少工时，稳定了员工情绪，还引来了大量求职者。

另需提醒的是，出谋献策还要懂得换位思考。舆情工作者常常像是“小人物”想“大事情”，不是决策，而是影响决策；不是领导，而是影响领导。因此，探寻舆情应对建议时，应站在领导的角度，以决策者的思维和眼光来考虑问题，确保所提建议“适销对路”。

第四章

舆情报送指南

突发事件舆情信息报送是指各级党委政府和职能部门、专业机构、监测网点及公民、法人或其他组织在应急管理过程中收集、报告、传递突发事件舆情信息的活动。在事件发生和处置过程中，舆情信息报送起着要情预警、决策参考、上下沟通的重要作用。要做好这项工作，关键是解决好“报什么”“怎么报”等问题。

当前，舆情信息报送工作普遍存在以下突出问题：一是报送不够及时，延误处置时机；二是研判不够准确、到位，缺乏深度分析和切实有效的对策建议；三是反馈不够迅速，政令不够畅通；四是编写能力不足，信息要素不全，文字呆板、粗糙。

做好突发事件舆情信息报送，需要建立和完善相关工作机制和流程，理顺事件所涉各方关系，加强沟通协作，确保信息报送渠道畅通快捷，力求做到及时、准确、全面、深入，不迟报、不漏报、不误报、不谎报。

第一节　严守时限

一些案例表明，当舆情形成并日趋沸腾时，处于漩涡中心的单位或个人往往并不知情，等到获悉时多半会惊慌失措、束手无策，给舆情处置工作造成很大被动。以2010年安徽蚌埠固镇事件为例：5月31日，固镇县委常委会接受了县环保局6名职员的辞职申请后，没有及时向上级报送信息。直到6月17日，中央电视台《新闻1+1》栏目以《招商，不能变成“招伤”！》为题，披露这6名职员因依法检查排污企业被停职的遭遇后，安徽省政府领导才获知此事，匆忙要求省环保厅派员调查，造成工作被动。

由此可见，及时收集、报送突发事件舆情信息，是快速处置舆情、有效引导舆论、维护社会稳定的重要前提。舆情信息报送得越及时、掌握得越准确、分析得越科学，越有利于有关部门和领导决策处置，越有利于避免谣言传播和社会恐慌。

一、归口管理，强化责任

按照“谁主管谁负责”“属地管理、部门负责、归口办理”等原则，由事发地党委政府和主管部门负责向上级党委政府和主管部门报送舆情信息。将信息抄送本级领导的同时，督促指导相关职能部门做好舆情应对。

一是实行行政领导负责制和责任追究制。对突发事件舆情信息报送工作做得好的单位和个人给予表扬和奖励。对迟报、谎报、瞒报和漏报突发事件舆情信息的单位和责任人，依照有关规定严肃处理。

二是建立协作机制。突发事件舆情信息报送往往需要多个部门共同参与，应由业务主管部门牵头，其他相关部门协助。

三是完善通报制度。通过定期检查，及时通报各地突发事件舆情信息报送、督办情况。

二、严守时限，有效反馈

突发事件关注度高，相关舆情错综复杂、瞬息万变。只有及时报送舆情信息，才能为处置工作赢得宝贵时间。

以河南商丘市赵作海冤案为例：2010年4月30日，法院认定为“被赵作海杀害”的赵振晌突然现身赵楼村。5月1日，商丘市公安局获悉此事，当即报告市检察院和中级法院，建议复查赵作海案。市检察院确认赵振晌是赵作海案的“被害人”后，立即向省检察院汇报。5月8日，河南省高级法院召开审委会，认定赵案为错案，并于第二天将被判死缓、入狱10多年的赵作海无罪释放。涉嫌刑讯逼供的6名警察则被移交司法处理。尽管此事仍旧引来人们对涉事公安司法机关的批评指责，但主管部门迅速及时的信息报送和妥善处

● 2010年5月11日，河南省商丘市政法委书记王建民握着冤狱10多年的“杀人犯”赵作海的手，说自己代表市政法部门表示歉意，并表示坚决不回避错误。

置，避免了事件和舆情的进一步恶化。

对于紧急重大舆情信息，报送时限更为苛严。一般来说，特别重大事件的舆情信息，要在事发后两小时内报送，甚至用手机即时报送；重大事件引起的较大范围的舆情反映，要在4小时内报送；重大事件引起的局部地方的舆情反映，要在6小时内报送。与此同时，舆情应急值班人员应与现场处事人员保持密切联系，必要时可深入现场，随时掌握和报送最新信息。只有这样，才能确保有关部门和领导及时掌握和处置相关舆情。

各地可根据实际情况、事件类别和舆情特征，规定本地的信息报送时限。如有的地方政府明确规定，一旦发生重大突发事件，地级以上市政府要在两小时内以书面形式上报省政府，重大敏感信息还可越级上报。

舆情信息的交流是双向的，不论是通知涉事单位或个人，还是向上级领导报送信息，都需要得到反馈，以利于开展下一步工作。信息反馈主要分两类：

一是纵向反馈，即“上情”与“下情”之间的信息流动。“报送”有利于上级了解突发事件舆情，提高科学应对的针对性、实效性；“反馈”有利于落实上级领导批示（指示），确保政令畅通，掌握处置情况。因此，既要求自下而上报送舆情，也应该自上而下反馈信息。对舆情报告反映的问题，相关部门应第一时间调查核实，跟踪督办。如果没有反馈，就会打击舆情报送者的积极性、主动性，甚至会影响事件的决策处置。

二是横向反馈或平行反馈，即舆情信息工作部门与同级职能部门、相关机构之间的信息交流与共享。如宣传部门与联动机制内各单位的信息沟通。

第二节　讲究方法

舆情信息报送除了要做到迅速及时外，还要把准内容、程序，选好形式、手段，讲究方法、技巧。

一、把准内容

一是事件时间、地点、所涉单位和人员。

二是事件起因、性质、规模、过程及危害。

三是事件信息来源、舆情现状、发展趋势及对策建议。

四是事件处置进展及结果。

二、选好方式

一是对口报送与转报。前者是向对口的上级业务部门报送信息；后者是将信息转报事件所涉部门或领导。

二是逐级报送与直报。两者区别在于是否越级。对时效性不强的信息，可逐级报送；对紧急重大舆情，应立即越级直报。

三是定期报送与随时报送。一般来说，对时效性要求不高的舆情信息，可定期（每日、每周、每月）向上级报送；对紧急重大突发事件的舆情信息，应随时向上级业务部门报送。

四是专题报送与连续报送。前者主要针对某一情况、围绕某一主题报送舆情信息，分析研判较有深度；后者多用于重大突发事件信息的持续跟踪报送，侧重于时效性强的动态信息。

三、遵守程序

舆情信息报送，一般有以下程序：

一是定题。判断舆情信息是否值得报送，并确定题目。

二是核对。检查报送内容是否完整，文字表述是否恰当，信息格式是否正确。

三是审签。有关负责人对舆情信息报告进行主题、事实、文字、格式等要素的审核，确定报送范围，签发文件。

四是加密。对涉及国家秘密或暂时不宜公开的舆情信息进行加密报送，确保涉密信息安全传递。

五是发送。由专人负责发送舆情报告，完成信息传递。

六是归档。根据单位的归档要求，及时存储已经报送的信息，便于今后保管、查找和利用。

四、明确手段

报送手段包含书面报送、电子报送、口头报送、机要通道报送等。日常信息报送主要采取邮寄、传真、电子邮件、电报等方式；紧急重要信息可用电话口头报告，但须防泄密。

五、四个要求

1. 快

时效是信息价值的生命。如果信息收集报送不及时，再重要的信息也会因时过境迁而失去利用价值。

在信息爆炸的今天，信息的效用周期越来越短，越早报送就越能及时主动地掌握情况，促使问题尽早解决。如2011年6月，广东韶关市发现武江锑浓度异常后，立即向省政府报告情况，并函请上游的湖南省郴州市尽快采取有效措施控制污染源。广东省政府迅速协调有关单位派出工作组和专家组赶赴现场，有效开展处置工作，使污染迅速得到控制。

因此，重大突发事件发生后，应即刻向上级报告初步情况，切忌以情况未明或待事件平息后再上报等为由拖延报送，切忌以事件已平息或尚在调查中为由不报送。

2. 准

报送内容要真实可靠。如果所报信息不准确，就会误导领导决策，不仅无助于事件处置工作，还可能浪费人力物力财力。

如2009年5月21日，广西玉林市博白县水鸣镇合光村管姓村民与宾姓村民因引水问题发生纠纷。当天上午10时30分许，在宾姓村民聚集的山上发生爆炸，当场炸伤8名村民。接到报告后，玉林市有关部门对事件信息特别是爆炸原因没有及时核实，高估了事件的严重性，仓促上报自治区政府。区主要领导立即作出批示，要求迅速成立专案组赶赴现场开展侦破及防控工作。但专案组调查得知，爆炸并非他人所为，而是宾姓村民操作不当，误伤自己。如果当时信息提供者稍作核实，说明宾姓村民不是被管姓村民所伤，区领导就不会过于紧张，也就没必要兴师动众派出省级专案组。

这个案例告诉我们，突发事件舆情信息报送人员要仔细核实信息，确保内容准确无误、情况清楚明晰，防止片面失实、以点代面、断章取义、捕风捉影、道听途说等现象发生。

3. 精

要沙里淘金、去粗取精，报送“内容精要、观点精准、加工精细、文字精炼”的舆情信息，为领导决策提供有效参考。

如2010年9月20日茂名信宜市紫金矿业溃坝事件发生后，广东省环保厅立即派出厅应急办领导和环境监测专家连夜赶赴现场，组织当地环保部门成立现场调查组、监测组、技术组和后勤组，第一时间向省委省政府和环境保护部报告情况。从9月21日至10月11日，连续报送70多条重点突出、内容精炼的信息，确保上级部门及时掌握灾情对环境造成的影响，迅速做出处置决策，为灾区抢险救援工作提供了有力支持。同时，及时向处于下游的广西环保部门通报情况，提醒其为保障水质安全和社会稳定做好准备。

4. 全

坚持全方位、多渠道、多角度提供信息，防止只见树木、不见森林，以偏概全、顾此失彼，以一种倾向掩盖另一种倾向。树立全局观念，做到点面结合，努力“化零为整”“变缺为全”，为领导全面掌握事态提供可靠的第一手信息。

● 2008年雪灾，京珠高速公路上滞留的车辆。

2008年初广东低温雨雪冰冻灾害的成功应对，离不开全面系统的信息报送。从1月中旬开始，省政府要求广州、深圳、韶关等有关市，省春运办、经贸委、公安厅、民政厅、劳动保障厅、交通厅以及南方电监局、南方电网公司、广铁集团公司等有关单位每日定时两次上报信息，重大信息随时上报，确保第一时间掌握全面情况。如1月25日凌晨两点，京珠高速公路粤北段因路面结冰造成交通中断，滞留车辆和旅客多达1.15万辆、3.5万人。接报后，时任省长黄华华连夜作出批示，指派省政府副秘书长林英带领省政府工作组赶赴现场指导抗冰救灾工作，确保以最快速度恢复交通。

六、四个关系

1. 一般与特殊的关系

尽管社会转型期的中国普遍存在贫富分化、阶层断裂、民众“相对剥夺感”加深等问题，但每个地区的自然环境、历史文化、经济发展、民众社会政治态度都有其特殊性，舆情的特征、传播范围和聚集程度也各不相同。即使是发生同类事件，在不同地方、不同时期，其舆情反应程度也有明显区别。

如，对于贪腐事件的舆情反应热度，经济发达地区和贫困地区并不相同。贫困地区条件艰苦，许多人仅能维持温饱，发生在此地的腐败、奢侈问题，公众更痛恨，民愤更大，舆情也更为汹涌。如2009年内蒙古阿荣旗女检察长刘丽洁使用豪车、2010年甘肃贫困县宕昌县委书记王先民受贿1500万元、2011年重庆贫困县酉阳土家族苗族自治县花费170万元配发GPS手机监督干部等事件爆出后，均引发当地民众持续热议，质疑批评声一浪高过一浪。

处理好一般与特殊的关系，就是在舆情收集分析中，既要充分了解大多数人的呼声，尊重“一般”舆情，又要高度重视个别人的主张，反映“个别”情况。只有充分反映不同地区、不同阶层群众的意见建议，才能让领导全面掌握情况，做出正确、合理、科学的决策。

舆情报送容易出现两种极端：一是忽视舆情报送的地方性和独特性，偏重报送普遍化、表面化舆情，缺乏针对性，泛泛而谈，隔靴搔痒，不能切中要害；二是缺乏全局观念，过多报送地方一般性的舆情应对工作情况，或将个别舆情普遍化，未能揭示同类事件的舆情发展规律，缺乏决策参考价值。

因此，舆情工作者既要领会上级精神，又要了解基层实际，捕捉重要舆情信息，从个别到一般，从微观到宏观，发现和揭示信息间的内在联系和普遍规律，提升舆情服务质量。

2. 报喜与报忧的关系

处理好报喜与报忧的关系并不容易。有的担心报送负面信息会影响单位形象或官员个人升迁，是“给自己脸上抹黑”，于是干脆“家丑不可外扬”，瞒报谎报现象时有发生；有的存在侥幸心理，认为无须报告请示上级便能自行解决问题，因此在实际工作中，报送成绩多，反映问题少，而问题一旦升级扩大，招致媒体集中曝光，多半会陷入束手无策、难以处置的尴尬困境；更有甚者，负面信息或敏感问题在报送过程中被“层层截留、级级过滤”，或者受利己动机的驱动，掺杂大量个人偏好的“原料”，报到最高级别领导时，已经变得面目全非，人为埋下了决策失误风险。

正是由于存在上述错误认识和不良心理，“报喜不报忧”现象在一些基层政府部门时有发生。如2011年4月26日，黑龙江省鸡西市滴道区桂发煤矿发生瓦斯爆炸事故，导致9名矿工死亡。当地一些官员为保住乌纱帽，不仅没有向上级报告信息，反而帮助矿主掩盖事实，面对言之凿凿的知情者，仍然声称并无事故发生。直到黑龙江省联合调查组进驻鸡西查明真相，其瞒报行为才败露，相关部门负责人也被免职。此事经新华网、中央电视台等媒体披露后，引发网民热议，仅搜狐网的相关新闻跟帖就有11816条。由于存在“官商合谋”的瞒报行为，当地政府的公信力严重受损。

● 2011年5月3日，黑龙江鸡西桂发煤矿瞒报事故中仍有一人被埋井下。图为搜救工作正在进行。

近年来，中央和地方各级党委政府反复强调信息报送要喜忧兼报，既报喜又报忧；对敢于如实报忧的部门和人员，要支持鼓励，绝不允许歧视和打击报复，绝不能报喜得喜、报忧得忧。

成绩不说跑不掉，问题不说不知道。正确处理报喜与报忧的关系，既要及时反映工作成绩、做法和经验，又要随时发现和反映矛盾问题，避免出现“晴空万里”，一味报成绩、唱赞歌的局面。报“忧”信息时，也不能单纯描述问题和现象，要认真分析其根因和影响，如实汇报处置工作进展情况和遇到的复杂疑难问题，争取上级部门支援。总之，要有喜报喜，有忧报忧，保证信息的完整性、准确性，为事件处置者掌握情况、科学决策、指导工作提供有力保障。但就突发事件舆情信息报送而言，报忧比报喜更重要。

在实际工作中，信息报送还要处理好本级与上级的关系、本级分管领导与其他领导的关系，做到既不瞒报重要信息，又不影响各方关系。

3. 数量与质量的关系

一些部门明确规定了信息报送的数量，对质量却重视不够，存在数量泛滥、内容散乱、分析肤浅等问题，缺乏决策参考价值。“重数量轻质量”已成为提升舆情信息报送水平的“瓶颈”。

舆情信息报送，数量是基础，质量是关键。工作人员要广泛收集分析舆情，揭示事件或现象的本质，预测舆情走势并提出对策建议，保质保量完成报送任务。

紧急信息报送还要保持“时效”和“质量”的平衡，既要快速反应、及时报送，又要全盘考虑、保证质量。

4. 时效与时机的关系

做好舆情信息报送工作，要处理好时效与时机的关系。时效强调的是信息报送的迅速及时，时机则是要求快速报送信息的同时，还要把握恰如其分的机会和节奏。一般而言，应选择在一个热点出现时报送相关信息，报得早，可能不会引起重视（估计会引发舆情危机的重大敏感信息则应立即报送）；报得晚，其价值则会大打折扣。因此，要加强监测、预判，把握信息报送最佳时机。

当然，舆情工作对信息报送的时效性要求越来越高，应始终把时效性放在首要位置，努力做到当快则快、能快则快，随时报送、连续报送，不迟报、不漏报、不瞒报、不错报。

第三节　持续报送

突发事件舆情收集报送是一个持续的动态过程。首条信息上报后，还要继续报送两方面情况：一是对事件本身和舆情动向进行追踪，反映事态发展和舆情走势，为处置工作提供参考；二是对处置决策执行过程进行追踪，不断收集报送最新舆情反应，便于及时调整处置措施。

持续报送信息应注意以下两个问题：

一、不要报送不准确的定性结论

在事件真相未明之前，不要轻易报送定性结论，以免影响处置决策。随意定性或定性不准，容易误导新闻发布，引起公众反感，激化矛盾冲突。如2010年1月12日贵州安顺枪击案发生后，安顺警方在调查尚未结束的情况下，就根据初步掌握的信息仓促抛出“袭警、抢枪”的定性，引发舆论强烈反弹，多数公众对官方的“袭警”说法持怀疑态度。

二、不要报送不准确的数据口径

报送信息时，关键数据和对外口径要统一，是初步掌握的情况就要留有余地，以免影响新闻发布、对外表态的效果。因此，突发事件发生后，政府部门面对媒体和公众时，要避免所报信息口径不一、自相矛盾。如，2011年9月9日湖南邵阳沉船事故发生后，官方发布的死亡人数不断变化：从最初的“乘客39人，死亡8人”，到“乘客45人，死亡11人”，再到“乘客50人，死亡12人”，每次发布死亡数据都因未注明“据初步统计”或“到目前为止”而遭到媒体和公众强烈质疑，相关部门陷入信任危机。

又如，2010年6月23日，湖北省委政法委综治办副主任（副厅级）黄仕明的妻子陈玉莲，就个人退休待遇及其女儿医疗死亡事故责任追究问题，预约上级有关领导反映情况，在省委大院南门越过警戒线时，遭到6名便衣警察长达16分钟的殴打。当天，涉事公安部门负责人在未掌握舆情走势、未想好表态口径的情况下，竟然公开宣称

● 2011年9月11日，邵阳沉船死亡人数升至12人，赔偿金标准每人20万元。

“打人是误会”，不知其为“这么大一个领导的夫人”。一语激起众怒。一时间，厅官夫人“打错门”事件骤然升温，诸如《一次“打错”的背后有多少次“打对”》《九问湖北“打错官妻门”》《公开透明调查“打错人”》《厅官夫人被误打呼唤社会“善待上访者”》《“打错门”错在暴力维稳》之类的深度反思式评论频现网络，迅速推动事件成为省委书记批示严办、众多网民围观的公共热点。

上述教训表明，突发事件所涉部门信息发布和对外表态的无序、混乱，往往造成公众的困惑、猜测、恐慌和愤怒。因此，突发事件发生后，持续报送舆情反应，把准信息发布口径，用一个声音说话，对引导舆情非常重要。当然，对于敏感问题的口径报送，需要及时请示上级；对于跨部门的问题口径，也要迅速与相关部门协商确定或向上级请示后报送。

为便于突发事件发生后能尽快拟定信息报送或发布口径，可设立热点问题口径库。具体来说，就是根据本地区本部门以往发生的情况，设想可能出现的突发事件或敏感问题，总结借鉴自身或国内外处置同类事件的成功经验和做法，预拟信息发布口径，做到有备无患，从容应对。

由于原有口径会随时光流逝而陈旧落伍、不合时宜，因此口径库需要适时更新优化、充实丰富。每一次事件处置完毕后，只要发现新的有价值的答问口径，就应随时收集入库，为下一次同类事件信息发布提供参考。

第四节　编写舆情

舆情信息报送成功与否，很大程度上取决于舆情报告的编写质量。一份选题和写作俱佳的优秀舆情报告，不仅能引起领导高度重视，更能为领导提供重要参考。如果舆情报告逻辑不强、层次不清、文采不好，即使信息真实、分析深刻，也可能“以辞害意”，难以让决策者发现信息价值，甚至难以卒读，起不到应有的作用。

因此，不断提高舆情信息的编写能力和水平，做到主题鲜明、重点突出，内容完整、条理清晰，文字精炼、好读易懂，对于全面优化舆情质量、充分发挥信息效能，具有重要意义。

一、结构完整，符合逻辑

舆情报告要按其主体内容和内在逻辑来安排材料和组织文字，做到要素齐全、层次分明、重点突出。其结构一般由标题、导语、正文和结尾组成。

一是标题。这是提示舆情报告内容的关键词，起到点题、导读、便于存储和检索的作用。要准确提炼正文内容，做到题合文意、高度概括、一语中的、生动醒目。可仿效平面媒体常用的新闻标题的三种形式：

1. 单行题。内容单一简短的，只用一个标题。

2. 双行题。内容较多的，可用眉题（亦称肩题或引题）引出主题，或在主题之下以副题作补充说明，即用“眉题+主题”或“主题+副题”形式。

3. 三行题。内容丰富、信息量大的，可用“眉题+主题+副题”形式。

二是导语。即正文首段，也称前言、总述、开头，起到概括报告内容或先声夺人的作用。导语要提纲挈领地介绍舆情的起因、目的、时间、地点、对象、范围、经过、突出问题、基本经验、主要观点、意见建议等，但不必面面俱到，应按内容主次有所侧重。好的导语不仅能简洁明了地反映整个信息的概貌，突出最有价值的核心信息和重要观点，还要生动可读，引人入胜。主要有以下三种写法：

1. 写明起因目的。侧重于对舆情分析的目的、时间、方法、对象、经过及参与单位和人员的说明。

2. 概括基本情况。写明舆情分析对象的历史背景、发展经过、现实状况、主要成绩、突出问题等主要内容。

3. 亮出分析结果。直接概括出舆情分析的结果或结论，如肯定做法、指出问题、揭示影响、提出建议等。

总之，导语要起到开门见山、画龙点睛、生动引人的作用。

三是正文。这是舆情报告的主体，内容包括全面情况、经验做法、核心问题、主要观点、基本结论、意见建议等。古代作文要求“凤头、猪肚、豹尾”。舆情报告的“猪肚”就是其正文。如内容少、篇幅短，正文一两段即可；若信息量大、篇幅较长，就把它分成若干部分，各加上一个小标题；难以用短语概括各部分内容的，可用序号标明顺序，但要前后连贯、逻辑严密、层次清晰，便于阅读和理解。正文有以下五种基本结构：

1. 简单式。内容简短的，两三段写完即可，甚至可与导语合并为一段。

2. 分述式。多用来描述对事物做多角度、多侧面分析的结果，是多向思维在谋篇布局中的反映。其特点是概括面广。

3. 层进式。主要用来表达对事物的逐层深化的认识，是收敛性思维在谋篇布局中的反映。其特点是开掘较深。

4. 三段式。由现状、原因、对策三部分组成，结构分明，便于阅读。

5. 综合式。根据表达需要，灵活选用结构。如，用“分述结构”来写“三段结构”中的“现状”；用“三段结构”来写“层进结构”中的一个层次；用“总分结构”来写“分述结构”中的某一部分内容，等等。

需要提醒的是，在深度舆情报告中，研判部分多为分析说理，往往比较枯燥沉闷，应力避平铺直叙，宜用夹叙夹议手法将意见建议和典型例证巧妙串联，以增强感染力和说服力。还可适当穿插背景材料，以深化主题。

四是结尾。对所反映的舆情信息加以归纳总结，得出最终结论。结尾并非舆情信息报告的必需要素，但在多数情况下，为体现报告的完整性和逻辑性，可安排一个结尾。主要有以下四种结尾：

1. 不单独结尾。如果正文已把观点阐述清楚，并作出明确结论，就不必再画蛇添足。

2. 总结性结尾。为加深读者印象，概括前文，深化主旨，把舆情分析后对事物的看法再次强调。

3. 启示性结尾。在写完主要事实和研判结论后，如果还有需要引起思考的问题或应指出的努力方向，可写一个富有启示性的结尾。

4. 预测性结尾。在分析情况和问题之后，预测舆情发展趋势，指出可能产生的影响。

二、全面客观，准确可信

编写某一事件的舆情信息时，应尽量全面反映公众的不同看法、观点。如出现多方争论的局面，则在仔细甄别的基础上，尽量客观呈现各方观点，避免出现只报一面之词、一刀切的情况。不能对事件舆情做出主观判断。特别是网上舆论，很多时候非理性声音占了上风，编写时应剔除那些情绪宣泄、“灌水”性质的言论，引述客观、理性、有理有据的意见建议。

在舆情信息中，好的背景材料和调查数据能起到解释、烘托、深化主题和拓展视野的作用。但若运用不当，破坏结构，冲淡主题，舆情信息的价值就会大打折扣。

1. 背景材料的功能。对比性背景材料通过对事物进展的前后、左右、正反对比，衬托出舆情本身的意义；说明性背景材料用来解释事件产生的原因、条件和环境；注释性背景材料主要解读专业术语、技术名词等。

2. 背景材料的使用。作为舆情信息的从属部分，背景材料在舆情信息写作中可灵活使用：可放在导语中，简明扼要，开宗明义；可独立成段，放在导语之后、正文之前，使全文结构严谨、眉目清楚；可根据需要，化整为零，巧妙穿插，恰到好处，对舆情主题做解释、说明、衬托、对比。

使用背景材料应注意以下几点：一是紧扣主题，取舍得当，不能照搬材料；二是简明扼要，不可喧宾夺主，冲淡主题；三是连接自然，防止生拉硬扯，牵强附会。

3. 调查数据的引用。编写舆情信息时，可适当借用统计数据描述规模，弥补分析过于宏观甚至模糊的缺陷。一方面，专业机构及相关媒体发布的调查数据可信度相对较高，舆情信息报告应重视对其数据的收集、整理和引用；另一方面，要注重利用网站进行数据调查，统计重要文章、帖文的回复数、点击量，从中了解某一事件、观点在网民中的扩散度或关注度。

引用数据描述舆情时，应详尽注明调查机构、数据来源、调查时段、受调查人数等信息；对暂时没有专业机构做出调查的信息，可给出局部的统计数据，指出某个时段涉及事件舆情的网站数、跟帖量等。

三、语言精炼，生动可读

概括叙述是舆情报告的主要表达方式。好的舆情报告，既要善于归纳提炼，又要保持原汁原味，还要主题新颖、富有文采，做到准确、精炼、鲜活、生动。具体来说，要在以下三方面下功夫：

1. 善于归纳提炼。舆情信息收集阶段，只是走完了“从少到多”的量变过程，还需要“由多到少”的梳理和归纳。首先，要突出主题，明确重点。主题是舆情信息文稿的核心和主线，是要重点说明的事物、阐述的道理或反映的问题。其次，要大胆取舍，去芜存精。围绕主题进行甄别，舍弃那些与主题相关度不大、未能印证舆情观点的信息。再次，要由表及里，逐步提炼。要从纷繁复杂的舆情表象中捕捉最有价值的信息，撷取最具代表性的观点，条理分明、主次清晰地表达出来。最后，规范写作，讲究章法。尽量使用确定性语言，是则是，非则非，语义界限明确，切忌含糊不清、模棱两可、词不达意、似是而非，令人不知所云。要规范句式，合乎语法。

2. 保持原汁原味。描述舆情状况时，应尽量体现原生态，真实、生动地再现舆情产生和变化过程。当然，并非单纯地保留原貌，而是将主题与材料、内容与形式有机结合。要全面、准确、真实、客观反映事态，切忌夸大臆想、合理想象、断章取义、以偏概全、制造轰动效应。

3. 做亮做新标题。标题是文章的眼睛。好标题能抓人眼球，撩人阅读。拟题时要力求准确、客观反映舆情信息的主要内容、事由等情况，做到简明、朴实、生动，达到“亮出核心信息”“一语道破天机”的阅读效果。

第五章

信息发布指南

突发事件信息发布是指党政机关、企事业单位或其他社会组织依照法定程序，将其在突发事件处置过程中获得或拥有的信息，以便于知晓的形式主动向新闻媒体和社会公众公开的活动。这是突发事件新闻处理的关键环节，也是舆情引导的重要基础。

在突发事件首条信息发布后，事件处置方应及时根据舆情变化，调整信息发布的时间和重点，把准信息发布的角度和分寸，有效引导社会舆论，遏制谣言传播蔓延，防止社会出现过度恐慌。换言之，信息发布与媒体报道相辅相成，同样要把握好舆论引导的“时、度、效”，解决好“何时说、说什么、怎么说”的问题，努力抢占时机、道义和表达的制高点。

但在实际工作中，却有一些地方和部门不重视突发事件信息发布和舆情引导，不想做、不愿做、不会做，对网络舆情抱着“一怕、二躲、三堵”心态，失语或妄语现象频生。有的片面理解“行胜于言”“少说多做”，新闻发言人成了“不发言人”；有的奉行“明哲保身”之道，认为“多一事不如少一事”，害怕因言获咎而保持沉默；有的忽视能力提升，对复杂敏感舆情束手无策，或躲媒体、怕网络、当鸵鸟，或无知无畏、雷言雷语、贻笑大方。殊不知，你不及时发声，就无法抢占先机；你不善于表达自己，就会“被表达”；你不主动回应诉求，就等于放弃话语权。这些年来，因沉默不语滋生的谣言惑众，因表达不当招来的批评质疑，因信息不明引发的群体事件，因缺少沟通导致的误解对立，无不说明，信息发布和舆情引导工作做得不好，不仅要吃大亏，甚至会犯大错。

实践证明，政府在处置突发事件时，如能采取科学合理措施，及时公布事件真相和处置情况，实现信息有效传播，就可争取公众的理解和支持，掌控社会舆论导向，促进事件妥善处置。

第一节　发布主体

信息发布主体是指处置事件的党政机关、企事业单位、社会组织及其负责人或代言人。发布主体一定要合法。唯其合法，方有权威；拥有权威，才能服众。

一、新闻发言人

新闻发言人是指国家机关、政党、企事业单位和社会团体的专兼职新闻发布人员。政府及其部门新闻发言人可由一名熟悉本地区本部门情况的领导干部担任，以体现其权威性；但不能由本单位最高领导人挂帅，否则一旦出现失误，将没有回旋与挽救余地。其职责是在一定时间内就某一重大主题或时局问题，举行新闻发布会或约见记者，发布新闻，答记者问，提供有关信息或表明观点立场。简言之，就是要把政府的信息和态度准确无误地传达给媒体和公众。在我国，新闻发言人承载了信息公开、执政能力、政治文明等宏大命题，某种意义上可说是党和政府形象代言人。

新闻发言人制度是突发事件舆情应对的重要机制，其作用主要体现在四个方面：一是可以确保信息发布的权威性和一致性，避免信息混乱；二是以面对面的方式对待新闻媒体和社会大众，有助于增强政府公信力，树立良好形象；三是在集中时间内向媒体说明情况，可以缓解媒体和公众询问的压力，有利于遏制谣言，安定人心；四是由新闻发言人第一时间出来说话，避免把本单位主要领导人首先推到前台，以保留更大的回旋空间。

新闻发言人不但要熟悉政策、胸怀全局，而且要掌握新闻传播学、公共关系学、政治学、社会学、心理学、语言学、修辞学、管理学、法学等方面的基本知识，善于跟媒体打交道，做到准备充分、立场坚定、反应迅速、形象端庄、表达清晰、掌握分寸、态度开明、善于沟通、知错认错、开诚布公、保守秘密。可以说，新闻发言人是一项高难度的职业，需要过硬的政治能力、敏锐的观察能力、超强的记忆能力、良好的应变能力、娴熟的控场能力和非凡的表达能力。

综观近年来突发事件新闻发布案例，我国新闻发言人普遍展示出过硬的政治素质和良好的专业水平，“敢说”“愿说”“会说”，为促进事件妥善处置发挥了重要作用。但也要清醒地看到，仍有一些发言人居高临下，不思进取，甘当“传声筒”和“复读机”，或照本宣科，或选择答问，或满嘴空话，或矫揉造作，令人敬而远之、嗤之以鼻；一旦碰到敏感尖锐问题，要么信口开河乱说一通，要么勃然大怒斥责记者，导致再生事端、引火烧身，失去权威性、公信力。可见，个别发言人还未学会“把话说好”，尚需优化“手中话筒”。

古人云：“一言之辩，重于九鼎至宝；三寸之舌，强于百万雄师。”的确，语言是一门艺术，一句话能把人说笑，一句话也能把人说跳。说话的方式不同，产生的效果可能大相径庭。如果发言人“不会说话”，不仅不利于传递党和政府的声音，无助于工作开展，也有损自身形象。但要做到能言善辩，说话有分寸、中听，能够入耳入心，没有过硬的“内功”不行，必须加强学习和修炼。因为“会说话”背后考量的，除了沟通能力，更有思想水平、人格魅力，折射出说话者的人生观、价值观。可见，善于表达是发言人必备的一种“软实力”，而“软实力”需要“硬功夫”打底。

外交领域新闻发言人经常要面对牙尖嘴利的境外记者，尤其要具有良好的语言修养和出色的辩论口才。2001年4月1日中美撞机事件发生后，时任中国驻美大使杨洁篪接受美国CNN记者采访时，记者问：“美方只是要求中方返还24名机组人员，但中方在道歉问题上纠缠，到底意味着什么？”杨大使答：“这一事件完全是美方造成的，美方应负完全责任，应向中国人民解释并道歉。就拿美国举例来说，有一个家庭，他的房子前院有一伙人总是在他家门口的街上开着车徘徊，他们不进他家的院子，但就是日日夜夜、月月年年地在靠近前院的地方开来开去，这个家的人出来查看是怎么回事，结果家人的车子被毁，人也失踪了。我认为，这家人有权问到底发生了什么事，有权做一些检查和调查。你是否认为这一道理成立？如果你认为这一道理成立，我想你能做出非常公正的判断，到底该怪罪谁。至少你应该说声对不起吧。车毁了，人也失踪了，可你只说一句‘事件就是这么发生的’，够吗？”杨大使以形象生动、通俗易懂的比喻说理表态，体现了敏锐的政治把握能力、娴熟的现场驾驭能力和高超的语言表达能力，堪称新闻发言人的典范。

当今互联网时代，新闻发言人在社会舆论的“聚光灯”下发言表态，稍有闪失，就可能引起围观和炒作。故此，人们普遍认为，新闻发言人是一种高危行业，由于临场反应能力及有关专业知识的不足，有时可能会说错话或被断章取义，因此希望媒体及社会公众给予包容和理解。铁道部原新闻发言人王勇平的遭遇就是一个例证。2011年温州“7・23”动车追尾事故发生翌日晚，王勇平匆忙出席在温州举行的新闻发布会。由于他未能充分了解自己应该掌握的有关信息，当被问到“为何救援宣告结束后仍发现一名生还儿童”时，他称“这只能说是生命的奇迹”；当被问到“为何要掩埋车头？是不是想毁灭证据？”时，他说：“主要是便于抢险。目前他们的解释理由是这样，至于你信不信，反正我信了。”王勇平的回

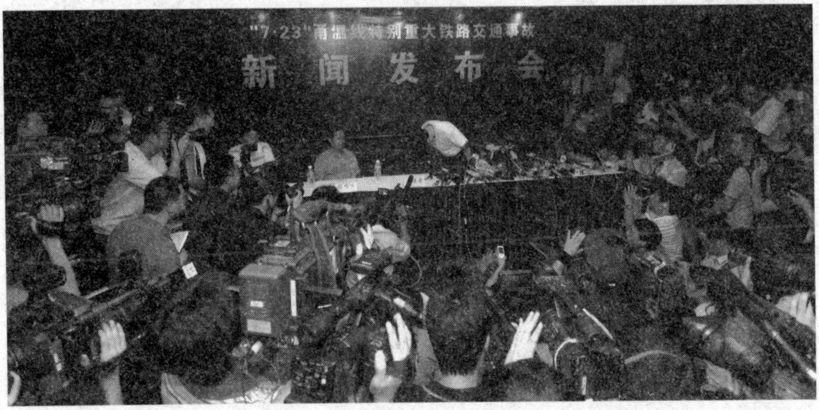

● 2011年，“7・23”甬温线特别重大铁路交通事故新闻发布会现场。

答立即遭到舆论的严厉拷问，迅速成为网络流行语，被网民讥讽为“高铁体”，他本人也因此被免职、改行。作为我国第一批久经沙场、经验丰富的新闻发言人，王勇平尚且有不够冷静（他事后反思称“当时不够冷静，但没说假话”）、口出雷言的闪失，至于那些“刚上路”、欠老到的新手们，就更需要修炼“内功”了。

可见，“会说话”是新闻发言人的重要技巧。只有提高说话的艺术，把握说话的火候，明确说话的立场，讲究说话的分寸，调控说话的情绪，才能达到说话的目的，起到真诚沟通、释疑解惑、增进互信、凝聚人心的作用，促进事件顺利处置。

但一些有争议的事情难以解释清楚，再巧舌如簧也可能徒劳无功。如2012年2月中旬，福建归真堂申请上市引发的“活熊取胆”事件闹得全国沸沸扬扬。2月22日，归真堂举办媒体开放日，让200多位记者亲临现场见证“活熊取胆”过程。接待媒体的工作人员指着铁笼内正在接受胆汁引流的熊说：“熊取胆时很平静，可见其不疼痛。”记者质疑：“你又不是熊，你怎么知道它不疼痛？”工作人员反问：“你也不是熊，你怎么知道熊感到疼痛？”这种“子非鱼，焉知鱼之乐”式的争论，不可能有结果。何况，从常理看，“活熊取胆”毕竟有点残忍，涉嫌虐待动物，无论多么坦诚开放，也难以寻求共识。这样的企业上市，自然要遭遇质疑声。就连全国政协委员、著名作家冯骥才也

2012年2月22日，福建归真堂开放养熊基地，公开“活熊取胆”过程。

递交提案，建议“立法取缔这种非人道、不文明的获利手段”。在铺天盖地的舆论反对声中，归真堂创始人邱淑花面对央视记者哭诉：“早知这样，我就不搞上市。”事实上，早在2011年初，归真堂就曾冲击过创业板，因引起社会各方强烈非议而被迫暂时搁置上市计划。没想到，一年之后卷土重来再谋上市，公众批评谴责声浪更大。

说到底，新闻发言人要做“媒体的引路人”，把记者的注意力吸引到你要传递的信息上来。因此，发言人是否出色，除了发言技巧，还要看他发布的信息是否媒体关心、准确无误和有效传播。具体来说，可查看他强调的重要信息或观点是否上了媒体报道的标题，是否做成新闻导语，是否成为新闻主体。如果发布的内容未见报道，出现的错误和缺憾却被集中炒作，那就糟糕透了。

据调查，记者喜欢这类发言人：立刻回答问题；随时能够找到；答问不绕弯子；角度观点新颖；理解记者选题和发稿压力。讨厌这类发言人：不守时、不守信、不回电话；总是告诉记者“看我准备的稿子”；提供不相干的事实；要求审稿。

二、网络发言人

网络发言人是通过互联网进行新闻发布的人员，这是传统新闻发言人制度在网络空间的延伸和拓展，是政府信息公开的一种新渠道和新方式。在对话沟通已经成为政府危机公关共识的今天，网络新闻发布的优势更加明显，网络发言人的角色日益重要。其职责主要是在网上发布本地区本单位党务政务信息，通报本地区本单位突发事件及其处理结果；听取网民意见建议，答复相关网帖处理情况；分析研判网络舆情，正确引导网络热点。

网络发言人一般由本地区本单位领导班子成员或中层干部担任。一名合格的网络发言人应当熟悉网络传播规律，了解网民心理，善用网络语言，以坦荡的胸怀面对批评质疑，以求真的态度发布事实真相，以人格的力量赢得信任尊重，以互动交流求取“最大公约数”。否则，就可能遭到网民质疑乃至炮轰。如2013年6月中旬，有网民在江苏淮安淮水安澜论坛发帖询问并质疑有关公务员考试问题，因言语有点过火，遭到当地人社局网络发言人痛斥：“你有病，建议你去看医生。”尽管这位发言人随后留言致歉，但其脆弱失控的心态和以粗对粗的方式，仍然遭到众多网民批评谴责。

网络发言人肇始于贵阳市政府。2009年8月31日，贵阳市花溪区一个铁路涵洞在施工时发生垮塌，导致2名工人失踪、5人受伤。此事迅速在各大网站传开，引发众多网民对工程质量和政府行为的质疑。9月1日，贵阳市政府以“网络新闻发言人”名义在政府网站发出第一条信息，随后几天又陆续发出10余条信息，持续公布现场救援进展、垮塌工程业主和建设单位情况。随着网络发言人滚动发布的信息不断更新，实情一一呈现，争议逐步平息。

目前，广东、云南、江苏等省已全面推行网络发言人制度，并取得良好效果。

值得注意的是，眼下有不少官员个人微博公私不分，时常发布与公务有关的信息，实际上扮演了发言人的角色。但由于一些官员网络执政意识和舆情应对能力欠缺，不时露马脚遭质疑或出现雷言雷语被取笑。为了少中网民的“枪”，建议开博官员每发一条微博，都要预测网民会从哪些方面质疑、攻击，早做应对准备。当然，网上本来就游走着形形色色的“蒙面人”，密布着各种各样的“暗器”，稍有闪失，就可能面临“枪林弹雨”。若没有足够心理承受力，就不要轻易开博发声，以免招骂受惊。

三、主要负责人

人民网舆情监测室秘书长祝华新认为，在地方政府应对突发事件时，当事人要出面，尤其是主要负责人不能躲在后面，要出来解释。一般而言，在公众中活动，又超越于公众之上，可以提出指导性见解，具有广泛社会影响的人，就是意见领袖，或称舆论领袖。各级政府主要负责人具有舆论领袖的天然地位，由其现身发布重大突发事件新闻，既可以在全社会唤起强烈的认同与响应，增强舆论引导效果，又能够稳定公众情绪，鼓舞人心，提振士气。特别是西方敌对势力和别有用心的人趁机插手事件，企图对我意识形态领域“抢滩登陆”时，主要负责人必须立场坚定、旗帜鲜明，勇于站在风口浪尖，在重大原则问题上敢于发声“亮剑”，确保坚守的“城池”万无一失。因此，由主要负责人出面发布新闻，表明态度，具有新闻发言人无法比拟的重要作用。

主要负责人发布突发事件新闻事关重大，必须提前做好充分准备。一是精心设计领导形象，做到衣着打扮得体，神色坚毅自信，表情镇定自若，言辞直率坦诚。二是发布内容简明扼要，切忌在危机面前长篇大论，夸夸其谈。三是针对记者可能提出的问题，事先准备答问材料，做到胸有成竹。

2003年非典（SARS疫情）期间，时任北京市代市长王岐山参加5月8日在京举行的新闻发布会，由于准备充分，表现出色，给在场记者留下深刻印象——

王岐山的开场白直奔主题、简明扼要：“女士们、先生们，新闻界的朋友们，为了在比较短的时间内更多地回答大家的问题，我发了一个事先准备的开场白，中英文本都有。应该说到昨天为止，我到北京工作10天。在4月17日，中央决定成立了北京地区防治‘非典’联合工作小组。在4月20日，中央决定对卫生部和北京市的人事做了调整。从这以来，在中央的领导下，我们联合工作小组在刘淇市委书记的直接指挥下，做了紧张的工作。对这些工作我们分别在材料里做了介绍。”

接着，王岐山简单阐述了两方面的重要工作：一是中央调整了防治非典工作的方针政策和措施，理顺了北京市政府的工作；二是以救治为中心，确保收治率。他向记者坦言，在决策的时候，很难做到万无一失。“至于你说到的万一的情况，我也不敢说不可能。中国有句话，叫‘不怕一万，就怕万一’。但当我们把任何问题都考虑到‘万一’的时候，说实话我们就很难决策了。”他还说：“只有信息公开透明，才能换来市民的理解。只有这种理解和信心，才能换来他们的配合。”

发布会前，王岐山最担心记者因害怕SARS传染而不参加，由于准备充分，这种情况没有发生，但王岐山主动说出了这个担心，显示出负责任的态度：“实际上我真害怕的问题，你们还真没问到。

● 2003年非典期间，王岐山在新闻发布会上。

但是我一定要自己讲出来，告诉你们，或者让我的部下随时告诉你们，你们的到来就是对我们北京市防治非典斗争的支持，我向你们表示感谢！”

从上述内容看，王岐山始终用事实说话，没有空发议论；答问坦率诚恳，体现负责态度；语言颇有分寸，留有余地。无疑，这是一次非常成功的新闻发布会，达到了预期的理想效果。

尽管主要负责人亲自发布新闻更具有权威性和影响力，但在一般情况下，不要在第一时间让主要领导尤其是最高领导现身新闻发布会，除非发生特别重大的突发事件，而此时让其他人出来发布也不合适。因为一把手的发言代表了本单位的最终回答，没有任何回旋和补救的余地，稍有不慎，就可能导致无法挽回的严重后果。

政府部门如此，企业也不例外。如2005年6月，上海光明乳业郑州公司回炉奶事件发生后，光明董事长王佳芬在第一时间被推到媒体面前，充当新闻发言人角色。该负责人接受《每日经济新闻》采访时称：“我们已经公布了《告消费者书》，请广大消费者放心。同时我们也恳请媒体和消费者进行监督。我们河南这个厂现在仍在生产，仍有新的订单。我们已从上海派人到郑州进行调查，这个事情不存在，光明不可能做这个事情。”但随后接二连三的事实证明，郑州有回炉奶，上海、杭州还发现早产奶，让光明乳业雪上加霜，深陷负面舆论漩涡而难以自拔，令其销售和品牌形象遭到致命打击。究其原因，一是信息发布自打嘴巴，授人以柄；二是最高领导过早表态，断了退路。

四、事件当事人

突发事件发生后，社会舆情矛头往往直指事件当事人。这时候，如果由当事人出面解释澄清，还原事实，更有说服力，能更好地消除公众质疑。

如，2008年11月5日下午5时许，珠海市斗门区一名骆姓男子驾驶一辆泥头车冲进城东中学，疯狂连撞24人，造成2人当场死亡，2人送医院抢救无效死亡，20人受伤。骆姓男子在继续驾车撞人时，经警告无效，被迅速赶到的公安民警果断开枪击毙，避免造成更多人员伤亡。两小时后，事故现场照片开始在网上流传，血肉模糊的血腥画面引发了公众的猜测和恐慌。随后不久，网上流传网民自制的开枪模拟图，推断在当时情况下警察不可能一枪击毙犯罪嫌疑人骆某。面对公众质疑，珠海有关部门在4小时内发布新闻通稿，随后处事警察余新化在事发现场接受20多家媒体记者集体采访，有条不紊地回忆了开枪过程和心理状态，详细解答了击毙骆某的所有疑问，有效化解了舆情危机。

需特别注意的是，事件当事人大都没有接受记者采访的经验，面对众多记者的长枪短炮及其提出的疑难问题，往往会惊慌失措，茫无头绪，或沉默以对，一脸尴尬，或口不择言，授人以柄。因此，当事人出面解释之前，应协助其备好发言材料和答问口径，掌

● 2008年11月5日，泥头车在珠海斗门城东中学酿成惨案，造成4死20伤。

握基本的采访应对技巧。

第二节　发布时间

时间是信息的生命。信息的价值随着时间流逝而递减，迟到的信息是没有价值可言的昨日黄花。因此，突发事件信息发布贵在早、贵在快，必须迅速及时、快捷高效；否则，不但无法起到先声夺人和引导舆情的作用，还可能助长小道消息和流言蜚语的传播，干扰事件处置工作。

一、及时主动发布

自媒体时代是一个众声喧哗、众说纷纭的时代，人人都有麦克风，个个都是广播台，百姓发布、公众发声已成为常态，每个人都可以随时随地通过手机在微博、微信上传播信息，表达意见，影响舆论。这给突发事件舆情应对带来了严峻挑战。但来自政府的消息具有天然的权威性，只要第一时间发布新闻，就能有效引导舆情。相反，如果政府不及时主动发布信息，就会有网民对一些未经核实的消息进行加工炒作，甚至以讹传讹，信谣传谣，酿成舆情危机。这时候，政府即使花再高的代价去解释澄清，也会丧失主动权，削弱公信力。实践证明，对于重大突发事件信息，发布比不发布好，早发布比晚发布好，自己发布比别人发布好。

世界各国政府都非常重视主动发布信息。有关统计显示，美国白宫每天至少召开一场正式或非正式的新闻发布会，平均每天发出6条新闻稿，内容主要涉及政务活动、政策措施、官员任免等。英国内务部规定公共危机发生后90分钟内应完成新闻应对会商，掌握事件基本情况，研判社会舆论走向，确定合适的新闻发布口径。

我国在突发事件处置中，积累了诸多主动发布信息的成功经验。上海地铁追尾事故新闻处理就是典范之一。2011年9月27日14时37分，上海地铁10号线发生列车追尾事故，导致295人到医院就诊检查。当日15时17分，上海地铁官方微博首次证实“上海地铁10号线因设备故障导致该故障区段（豫园站至老西门站下行区段）2列列车碰擦”。20时30分，上海市政府新闻办召开新闻通气会，申通集团有限公司（上海地铁运营方）总裁俞光耀表达了对市民和乘客的歉意，介绍了10号线恢复运营情况。

● 上海地铁追尾事故现场。

上海地铁追尾事故舆情应对的最大亮点，在于利用新媒体第一时间主动充分发布信息，并且官方信息与网民爆料基本吻合，从而赢得了网民信任，杜绝了谣言传播，为事故调查和处置营造了有利的舆论空间。

因此，必须树立“第二就是失败”的发布理念，让官方信息始终成为各类媒体的“第一信源”，使负面不实信息没有生存余地。

二、黄金两小时法则

美国著名危机管理专家诺曼·R.奥古斯丁认为，对公共危机处理最好是“说真话，立刻说”。在实际工作中，这个行为准则能否得到真正遵守，不是取决于政府新闻发言人，而是取决于主政者的勇气和智慧。

因此，突发事件发生后，政府主政者要立即指示发出权威声音。理由是：第一，当今移动互联网时代，QQ、博客、微博、微信等社会化媒体异军突起，“业余记者”无处不在，信息封锁绝无可能。如果政府反应迟钝甚至保持沉默，谣言就会迅速滋生蔓延，事实真相就会被淹没，最终酿成舆论危机。而令辟谣者烦恼的是，由于当前社会互信缺失，逆反心理弥漫，许多理性平和的声音总是不如“故事”精彩、耸人听闻的谣言“受人欢迎”，导致民间舆论场频现“劣币驱逐良币”现象，使辟谣效果大打折扣。第二，突发事件具有较大的新闻价值，如果政府不在第一时间发布信息，媒体就会抢先自行报道。而媒体的报道不一定全面准确，甚至可能出现道听途说或主观臆测的内容，混淆视听，误导受众，加大政府处置舆情的难度。第三，认知心理学研究表明，人们接受信息具有先入为主的“首声效应”，第一时间接受的信息很大程度上决定了人们的基本认识，往往会左右人们对事件的看法和判断。

总之，早说就主动，晚说就被动。谁第一时间发布新闻，谁就能掌握舆论引导主动权，推动事件顺利处置；反之，就会丧失主动权，影响事件处置。正如上海市政府原新闻发言人焦扬所言：“在突发事件新闻传播中，最可怕的不是记者抢发新闻，而是记者抢发的不是出自政府发布的新闻。”

当前，“第一时间”使用的频率很高，从其语境来看就是强调时效性。那么，究竟是怎样的“第一时间”，才能确保记者抢发的是政府发布的权威新闻呢？

2009年12月，笔者在撰写广东网络热点事件舆情应对调研报告时，在全国率先提出了突发事件新闻处理的“黄金两小时法则”，即突发事件的首次信息发布时限应控制在事发后两小时以内，在此时限内争分夺秒、越快越好，力争抢占信息传播第一落点；即使被网民抢发信息，只要两小时内政府发声，网民也会有耐心予以关注并跟踪后续新闻；如果事发两小时后政府仍沉默不语，网民就会在焦急等待中从其他渠道打探未经核实的消息，很可能造成谣言流布。这一提法最早公开出现在笔者撰写的《23天新闻舆论大博弈——广东兴宁“8·7”矿难舆情应对案例》（详见2010年5月学习出版社出版、全国宣传干部学院主编、时任中共中央政治局委员兼中宣部部长刘云山作序的全国首本《宣传思想文化工作案例选编》），刷新了以往突发事件信息发布的“黄金24小时法则”。2010年上半年人民网舆情监测室曾提出舆情应对的“黄金4小时法则”，但2011年底该室秘书长祝华新到广东授课时表示，广东首提的“黄金两小时”概念更切合微博时代舆论引导实际。

以广东案例为证：2008年11月5日珠海斗门泥头车司机疯狂驾

驶撞死4人撞伤20人事件发生仅两小时，目击者就将手机拍摄的现场照片上传网络，“死了很多人”“满地都是血”之类的说法甚嚣尘上，引起公众猜测和恐慌。而珠海有关部门在事发4小时后发出第一条新闻通稿，虽符合“黄金4小时法则”，反应尚算及时，但此前网上谣言和猜测已经铺天盖地、先入为主地占据公众脑海，后来花了很大力气才得以澄清。因此，在微博、微信、手机即时传播日趋普遍的今天，突发事件首发新闻的时限更须控制在两小时内，才有可能掌握舆论主动权。

汶川大地震信息发布就是一个典范。2008年5月12日14时28分，四川省汶川县发生8.0级强烈地震。18分钟后，即14时46分，国家地震台网通过新华社向全世界播发了四川省汶川县发生强烈地震的消息；22分钟后，即14时50分，四川省地震局召开第一次新闻发布会，宣布四川省阿坝州汶川县境内发生7.8级地震；1小时2分钟后，即15时30分，国家地震局召开第一次新闻发布会，核实、确认汶川地震的震级为8.0级；灾情、救援等后续信息，则通过央视24小时不间断直播。相关部门及时、如实、充分发布灾情和救灾进展，赢得了公众的信任和好评。

国外突发事件新闻处置，同样遵循“黄金两小时法则”。2001年9月11日，恐怖分子劫持的4架民航客机撞击美国纽约世贸中心双

● 2008年7月2日，国新办就汶川地震灾害和抗震救灾情况举行第二十九次发布会。

子塔和华盛顿五角大楼，造成3201人死亡、6291人受伤、数千亿美元的经济损失。事发仅一小时，时任美国总统布什就发表电视讲话，将事件明确定性为恐怖袭击。第二天，他又特别要求新闻官至少每天一次将反恐进展告诉公众，以避免失实信息和谣言出现。

三、滚动发布

突发事件处置是一个持续的动态过程，舆情态势也有一个发酵演变过程，信息发布少一“寸”，民间议论就多一“尺”，因此事件信息要随着事态发展和处置进展滚动发布、善始善终，防止有头无尾、虎头蛇尾。首先，相关部门获悉新的重要事实后，应尽快组织新闻发布。如果条件允许，最好在事发现场或附近举行新闻发布会，由新闻发言人或相关负责人发布信息，答记者问。其次，要结合事件影响程度以及媒体报道的规律和时间，合理安排滚动发布周期。对于涉及面广、有重大影响且需要广泛社会动员和公众参与的突发事件，可在网络、广电媒体实时发布最新信息；对于关联度高、对群众生产生活有密切影响的突发事件，可以每小时或数小时为周期进行发布。再次，要结合公众对事件的认知，在滚动发布中注意内容衔接，确保信息完整。

广东政府部门在兴宁矿难新闻处理过程中，以滚动发布信息牢

● 2005年8月9日，兴宁矿难第3天，大型抽水机正被救援人员送进出事矿井。

牢牵引舆论。2005年8月7日下午1时30分，广东梅州兴宁市黄槐镇大兴煤矿发生特大透水事故，123名矿工被困井底，生还希望渺茫。一时间，“死亡人数至少两百”“矿主要拿3亿摆平”之类的传言迅速蔓延，刺激着公众的知情欲与想象力；境内外53家媒体的200多名记者蜂拥而至，展开激烈的新闻大战。在宣布123名矿工遇难、终止排水救援之前的23天时间里，政府部门组织两位新闻发言人每天上午11时分别在现场主、副井附近发布最新消息，省内主要媒体每天报道事故救援和家属安抚情况。连续滚动的信息发布，主导了新闻报道和舆论引导的进程，赢得了公众的认可和支持。

滚动发布信息可随时在现场或媒体平台进行。若是举行新闻发布会，则应精心选择合适时间，方便更多记者参加。如在上午发布，考虑到记者夜间写稿的工作习惯，一般在上午10—11时为宜。且发布持续时间不宜过长，可在1小时内调控，能短则短。

第三节　发布地点

突发事件信息发布地点应依据实际情况和传播效果而定，可在事发现场，亦可在其他场地。一般来说，有以下三种选择：

第一，如果条件允许，就在事发现场举行新闻发布会。这样既方便记者，又有现场感。现场发布需满足三个条件：不会影响处置工作；人员安全有保障；不会侵犯涉事者隐私。

第二，如果相关部门在事发现场或附近成立了应急处置指挥部，新闻发布会地点可定在指挥部的记者接待区，并尽量与其他办公区隔开，以免记者进出影响他人工作。

第三，新闻发布会也可以选择在距离事发现场不远的地方举行，如附近的专用新闻发布厅或交通便利的酒店会议室等。

发布地点要方便记者采访、发稿，否则会影响传播效果。如2011年广州增城新塘“6·11”群体打砸烧事件发生后，现场聚集了大批记者，而官方新闻发布会在广州市区召开，导致部分记者未能及时赶到，政府权威消息没有广泛报道出去，影响了澄清事实真相的效果。

● 2002年9月12日，时任纽约市长朱利安尼在“9·11”事件一周年纪念活动上讲话。

理想的发布地点能强化传播效果。如2001年美国“9·11”恐怖袭击事件发生后，时任纽约市长朱利安尼头戴安全帽在世贸中心废墟前举行新闻发布会；炭疽热危机中，很多美国人不敢收发信件，邮局门可罗雀，朱利安尼又在纽约市邮局会见记者，亲自邮寄、拆封包裹。由于这两场发布会地点恰当，感染力强，令人难忘，为朱利安尼在媒体和公众中树立了良好形象，他因此被评为2001年度美国《时代》周刊风云人物。

2003年非典（SARS疫情）期间，曾有公关机构建议北京市有关部门在小汤山医院门前举行新闻发布会，让全世界媒体聚焦这家在一星期内举全国之力修建的世界上最大的传染病医院。由于诸多原因，该建议未获采纳，不能不说是一个遗憾。

第四节　发布形式

突发事件信息发布坚持灵活多样、富有成效的原则。一般来说，主要有微博发布、网站发布、新闻发布会、提供新闻通稿、网络在线访谈和接受媒体采访等形式。发布方应根据事件发展态势、媒体关注程度和影响辐射范围，选择适当的信息发布方式。

一、微博发布

“随时随地发布你身边的新鲜事”，这是新浪微博的广告语。自2009年2月新浪微博上线以来，微博迅速发展成为我国主要新闻来源和网络事件的导火索，微博的活跃度和影响力由此可见一斑。因此，通过微博即时、滚动发布突发事件信息，容易获得网民关注和转发，促进双方互动交流，掌控事件舆情走向。

当前，政务微博已成为政府第一时间发布突发事件信息的首选渠道。如中国地震台网中心开设官方微博，可在地震发生后10秒内向震中所在地的微博用户推送信息，大大提升了地震信息发布的高效准确性。南京出台了《关于进一步加强政务微博建设的意见》，强调微博发布要注重时效性，对百姓关注的政务信息和涉及市民生活的公共信息，要第一时间通过微博发布；若是涉及老百姓切身利益的水、电、气、自然灾害等方面的事件，要尽量做到一小时内发布；对于事态复杂、持续发展的事件，可按照“速报事实、缓报原因、慎报结论”的原则，有序有度进行微博发布。

微博发布的即时便捷显示了比传统媒体更高的传播效率。如2011年8月17日傍晚17时17分，山东女狱警林某因修车排队顺序纠纷叫来丈夫殴打修车人夫妇事件，引发500余名群众围观，导致现场混乱和交通堵塞。此事在微博曝光后，立即引起很大民愤。当晚19时31分，“济南公安”官方微博发布第一条信息，表明正在调查此事；20时15分，“济南公安”通报初查情况，说明林某是监狱警察，其夫是医生；22时21分，“济南公安”披露事件详情；18日凌晨4时，“济南公安”公布对林某夫妇的处理决定：双双被行政拘留15天，林某还被开除公职。“济南公安”微博及时、持续、详实的信息发布，有效避免了网络舆情的升级恶化，使一场来势汹汹的舆论风波迅速得以平息。

微博发布的澄清辟谣功能更是无可比拟。如2009年11月21日上午，昆明螺蛳湾市场因拆迁问题发生上千商户集体上街堵路事件。为了快速公布事实真相，云南省政府新闻办在新浪网开设了国内首家政府微博“微博云南”，于11月22日零时发布了111个字的新闻，通报事件进展。这一尝试引起广泛关注。随后，各类媒体跟进作了大量报道，详细介绍了事件的来龙去脉和前因后果，赢得了社会公众的理解和支持。又如2012年深圳“5·26”交通事故发生后，众多网民质疑醉驾撞毁两辆的士造成3人死亡的肇事者侯某替车主“顶包”，理由是作为普通打工仔的侯某不具备驾驶豪车夜载三女出入高消费场所的实力。为此，警方通过微博访谈形式与网民平等交流，持续发布现场视频、肇事者血液检验和DNA比对结果，及时打消了网民疑虑，有效化解了舆论危机。

可以预料，随着“僵尸化、官话化、老爷化”面孔的祛除和服务功能的完善，政务微博这个便捷、高效、平等的官民互动交流平台，将更加凸显其发布信息、澄清事实、引导舆论、凝聚共识的权威性和公信力。

另外，随着微信的崛起，政府部门可启用微信公众账号发布信息，让记者和公众“扫一扫”“摇一摇”，即可订阅关注，及时了解事件情况和处置进展。当然，也可微博+微信“双核”驱动，同步发布事件信息。

二、网站发布

突发事件发生后，政府不仅要以最快速度在官方微博发布信息，而且要将事件信息尽快上传政府或其部门网站。特别是由于各种原因（如事件发生在凌晨），无法在突发事件发生后4小时内召开新闻发布会时，政府要第一时间在网站（或政务微博微信）上公布新闻发布会召开的具体时间和地点，以吸引更多媒体采访报道。

与微博发布一样，网站发布具有发布速度快、传播成本低的优势，因而成为突发事件首次信息发布的重要平台。2008年5月12日14时28分，四川省汶川县发生8.0级强烈地震。18分钟后，新华网便发布了这一举世关注的重大消息。

在全媒体时代，如果突发事件的信息发布忽视了互联网，就可能导致巨大的舆情风暴。2011年7月10日，中央电视台《每周质量报告》栏目曝光国内家具高端品牌达芬奇涉嫌伪造产地，挂着“洋品牌”头衔，卖的却是国产“作坊货”，且材料也非实木，部分家具质量不合格；该产品在国内生产后先运往意大利，再运回国内，进而以昂贵价格卖给消费者。此事迅即引发社会各界强烈声讨。尽管达芬奇公司及时召开了情况介绍会，但完全忽视了网络媒体，没有

● 2011年7月13日，达芬奇家居在京召开情况介绍会。

在网上发布任何信息或声明，结果被推上网络舆论的风口浪尖，酿成难以收拾的舆情危机，企业信誉严重受损，产品销量一落千丈。沉寂数月后，即同年12月31日，达芬奇突然发布声明，称遭央视记者“虚假新闻”诬陷和敲诈勒索100万元公关费。直到2012年2月10日新闻出版总署通报调查结果，认定“央视报道内容基本属实”“记者未收公关费，但无证采访违反规定”，这场旷日持久的新闻纠纷才暂告平息。但达芬奇的品牌形象以及与央视的“交恶”关系，却难以在短期内修复一新。

近年来，全国许多地方政府及其部门纷纷开办网站，作为对外信息发布和网络问政的重要平台。但网民普遍反映，很多政府网站如同摆设，责任不明、敷衍民意、不更新、无互动的现象比较严重，有的甚至长期不发声，处于“休眠”状态，起不到应有作用。此类“僵尸网站”有损形象，不建也罢。

三、新闻发布会

这是突发事件信息发布最常用的方式，严肃庄重、权威性高，互动性强、公开面广，常用广播、电视和网络直播。它为公众提供了通过媒体向政府官员提问的机会，也为涉事部门开辟了通过媒体向公众传达信息的渠道；它是引导舆论、沟通政府与公众的润滑剂，也是塑造社会形象、提高政府美誉度和公信力的展示台。

一般情况下，政府要在重大突发事件发生后4小时内召开新闻发布会，在微博、网站先期发布的基础上进一步发布详情，接受记者提问。为了达到预期效果，新闻发言人要事先了解媒体对象的构成和特点，跟踪研判事件舆情，预测记者可能提出的问题，精心准备答问口径；确定新闻发布的主题和重点、主要观点和关键词，备好新闻背景资料，谋划发布会的时间、程序和节奏；必要时可彩排演练。在发布会上，发言人要运用娴熟的语言艺术，沉着冷静地回答问题，把真话说真、好话说好，获得记者信任与支持；主持人在答问环节邀请记者提问时，要兼顾国内外各类媒体，以免让人产生厚此薄彼或选择答问的不良印象。

充分准备是新闻发布会取得成功的关键。如果公众、媒体了解的信息比你掌握的还丰富，你在公众关切的核心信息上模糊了，其他方面说得再多也无济于事。北京市政府新闻发言人、新闻办主任王惠称，北京的新闻发布会有100多个工作流程，每个流程都打了钩，确定无误后才敢召开。

四、媒体吹风会

这是一种非正式的新闻发布渠道，灵活性较强。记者可对获知的信息进行全面报道，也可有选择地报道，甚至被要求暂不报道。政府部门可就突发事件的某个重大问题或处置决策与媒体记者进行沟通交流，主要是解释说明，了解记者的反应和看法，避免决策举措实施后，因记者了解不全面、不清楚而推出引起争议的报道。也可先让媒体透露一些简单信息，通过观察舆情反应来决定下一步行动方案。吹风会以沟通交流为主，气氛比较随意轻松，说话不像新闻发布会那样字斟句酌。可邀请少量具有代表性的媒体或关系友好的记者参加。由于吹风会所提供的信息和意见能影响记者有关这类题材的报道，所以它是新闻发布会的一种重要辅助形式。

五、提供新闻通稿

这是政府部门及社会组织常用的信息发布形式，简便、灵活、针对性强，有利于及时统一报道口径，掌握舆情引导主动权。应快速撰写突发事件新闻通稿，以传真、电邮等方式供给媒体记者，请其刊播或参考。通稿可发给每一家媒体，以期扩大影响；也可视情仅供合适或特定的媒体。通稿发布后，记者可能前来了解更详细的情况，有关部门要准备好充足的新闻素材和答问口径，等待或主动约请记者采写后续报道。

需要提醒的是，如果用新闻通稿代替新闻发布会，就要在事发两小时内尽快发稿，内容要简明扼要；如果让新闻通稿起到舆情引导的作用，就要在后续通稿中公布事态发展和政府处置情况，一一回应已经出现或可能出现的公众质疑，否则就会适得其反。2011年7月26日13时许，贵州安顺市西秀区城管大队二中队指导员王胜带队清理占道经营的摊贩时，与摆摊的残疾人邓启国发生纠纷，邓倒地身亡，引发群众围观、闹事，涉案执法车被推倒、砸毁。至当晚20时许，现场已涌来上万群众，演变为一起大规模群体聚集事件。但直到第二天，有关部门才发布新闻通稿，且通稿内容缺乏关键细节，也未对邓启国死因做出解释，结果招致猛烈的网络质疑，引发严重的舆情危机。

六、网络在线访谈

这是一种与网民进行网上实时交流、回答提问的沟通形式。突发事件发生后，政府官员通过网络媒体进行在线访谈，既能了解网民关心的问题，又可直接与网民对话，有针对性地发布事件信息，回应网民质疑，引导社会舆论。

在哈尔滨停水事件的舆情应对中，在线访谈立下了汗马功劳。2005年11月13日中石油吉林石化公司双苯厂发生爆炸，造成松花江水质污染，哈尔滨有关方面突然以“管道检修”为由宣布停水4天，由于语焉不详，导致谣言四起。一些网民在各大论坛发帖称“哈尔滨将发生地震”，令全市人心惶惶，疯狂抢购饮用水和食品。虽然黑龙江省内一些媒体发稿辟谣，但收效甚微。针对这一情况，东北网

● 松花江水体污染带抵达哈尔滨。图为在该市取水口上游16公里处的苏家屯，环保人员隔一小时乘小艇到江中央取水样检测。

首次采用网上访谈形式，邀请黑龙江省地震局局长与网民对话交流。在两个半小时的访谈中，这位局长与专家一起向1000多名在线网民耐心解疑释惑，科学生动地击破了谣言，疏导了舆情。

七、接受传统媒体采访

在全媒体时代，既要充分利用网络、手机等新媒体发布突发事件信息，又不能忽视在报刊、广播、电视等传统媒体上发声。为此，政府要迅速做好接待传统媒体采访的准备，既要体现主动性，又要把握传播范围。

媒体采访一般分为独家专访和集体采访。与新闻发布会相比，集体采访气氛比较轻松，媒体有多次提问机会，答问也可以更详尽。如果只接受一家媒体专访，提供独家信息，可与记者进行更充分的交流，以便记者全面深入报道。这两种形式可结合使用，亦可指定一家权威媒体专访，让其他媒体自愿转载。

接受集体采访时，一般不能定向邀请一些媒体而忽视另外一些媒体，以免像中国红十字会在郭美美事件舆情应对中那样授人口实，弄巧成拙。2011年6月20日，经常在微博上公开炫耀奢华生活的知名“炫富女”郭美美，将自己的新浪微博认证身份由原来的“演员”更改为“中国红十字会商业总经理”，迅即引起轩然大波，成为全国公共热点。片面的事实，推测的谣言，逐步制造着部分网民想要的“故事”。作为事件的关键利益相关方，中国红十字会理应在公众质疑之际，及时通过权威渠道公布涉事人员真实身份，以确凿证据积极回应网民关切，而不是三番五次地通过生硬、格式化的

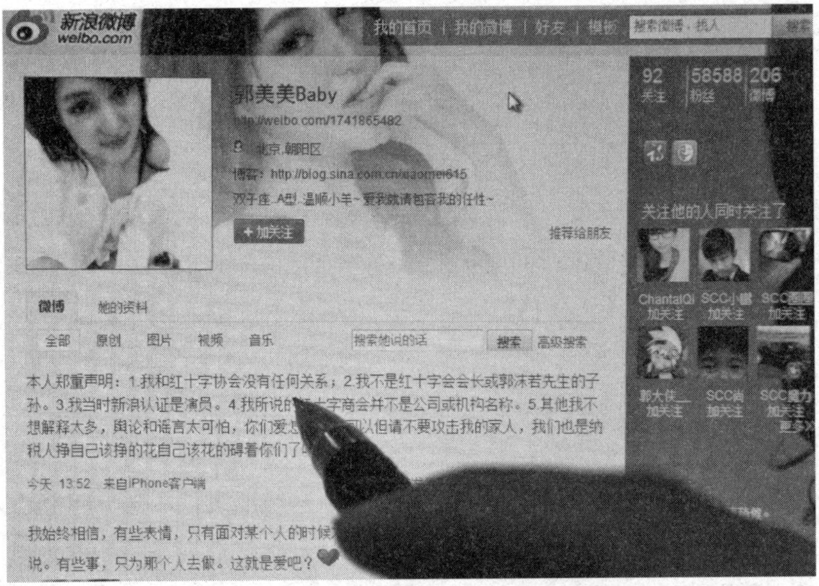

● 2011年6月，新浪微博一个叫“郭美美Baby”的网民蹿红网络。

声明否认红会有郭美美其人和相关猜测。红会在错过最佳沟通时机后，决定召开新闻发布会，但由于采用定向邀请媒体记者的方式，导致公众质疑其所发信息的真实性。未被邀请的传统媒体纷纷与网络媒体结盟，集中对红会展开“狂轰滥炸”，把其推入舆论深渊，最终酿成“三天毁掉百年信誉”的惨淡结局。

第五节　发布要求

信息发布是突发事件媒体应对的关键环节。媒体是一把“双刃剑”，应对得当，可以化解危机；应对失误，就会恶化事态，使舆论朝不利的方向发展。

当前，舆论危机公关的错误做法主要是：封锁消息、隐瞒实情，不顾事实、辟谣否认，岿然不动、不予理睬，反应迟缓、敷衍塞责，忽视网络、漠视民意。不合时宜的指导思想主要有：迷信“谣言不攻自破”“谣言止于智者”的陈旧观念，认同“后发制人”“先做后说”的传统做法，存在“我不说，别人不会知道”的侥幸心理。但在“业余记者”满天飞的自媒体时代，固守这些观念、做法的单位和个人，几乎都在突发事件面前付出了惨痛代价。

总结以往经验教训，突发事件信息发布应坚持“早讲事实、多讲措施、重讲态度、慎讲原因”的基本原则，查明多少，知道多少，就视情公布多少；同时，要措辞严谨，简明扼要，切忌逻辑混乱，词不达意，授人以柄。

一、迅速及时

突发事件极易引发公众对信息的极度饥渴和媒体的信息爆炸。第一时间发布权威信息，是突发事件新闻处理的首要原则，是释疑止谣、引导舆论的关键环节，是抚慰公众恐慌心理的“第一针镇静剂”；否则，信息发布不及时、不透明，甚至在被舆论步步紧逼时才匆忙发声，各种流言谣言就会滋生蔓延，混淆视听，造成受众的误判、错信乃至莫名的恐慌。

从古到今，突发敏感事件跟小道消息就是孪生兄弟，只要一出事，流言蜚语多半会伴随而生，越传越“真”；而面对谣言，公众很难做到人人都是“智者”，往往抱着“宁可信其有，不可信其无”的心理去跟风。如2007年8月11日至12日，受热带风暴“帕布”的影响，广东湛江市遭受百年一遇特大暴雨。8月12日，受灾最严重的乌石、北和、覃斗等镇村四处流传暴雨将引发地震的谣言，造成群众高度恐慌。广东省气象局针对这一情况，迅速通过气象短信平台发布辟谣短信280多万条，有效稳定了人心。又如，2013年6月20日下午，一家网络媒体发布消息称，某银行发生资金违约事件，中央银行紧急注入资金。这则消息随即快速传播，引起较大范围恐慌。幸亏当事银行及时辟谣，表明“钱慌”并非“钱荒”，避免了事态继续扩大。

因此，突发事件发生后，政府有责任、有义务遵照前文阐述的信息发布时间要求，在“黄金两小时”内尽快公布事件基本信息，成为新闻的第一定义者，随后视情滚动发布最新进展情况，始终用政府权威信息引导社会舆论，避免现场记者因信息饥渴而出现无序采访的混乱局面，从而在源头上掌控媒体报道走向，主导整个舆论进程。这就必须转变“做了再说”的陈旧观念，做到“边做边说”，及时把事件真相和处置情况诚恳、充分、科学地说出来，消除公众疑虑，赢得理解支持。这不仅是舆论规则，也是法定义务。只要及时发声、公开透明，即使偶尔说错一两句话也不要紧，改了就能获得公众谅解；相反，唯恐言多必失、祸从口出，迟迟无声无语，就会给谣言和错误言论留下生存和泛滥空间。

当然，并非所有突发事件都要迅速及时发布信息。对那些社会关注度和敏感度不高，估计不会造成较大社会影响的事件，可预先拟好新闻通稿，是否公开发布，视舆情反应而定。

二、真实客观

真实是新闻的生命，也是信息发布的“命根子”。缺少真实性保障，信息发布就没有任何意义，有不如无；政府形象和公信力就会受损，信息发布制度将难以为继；公众将以猜测弥补、替代不完整或不可信的信息，导致小道消息和流言谣言盛行，社会公众会出现过度恐慌，以非理性的行为回应政府的不坦诚。所以，如果政府在信息发布过程中“造假”，无异于自取其辱、“当众自杀”。而要确保信息真实，必须体现信息的客观性与全面性。客观性是指信息内容如实反映事件真相，不溢美，不隐恶；全面性是指信息内容完整，没有避重就轻或断章取义，更没有故意误导公众。

故此，突发事件发生后，有多少信息就视情发布多少信息，少不要紧，关键在于真实客观。这意味着政府不仅不能封锁消息、捂住不报，而且要实事求是，不能弄虚作假。政府要用最简单的语言公布核心的真实信息，如：什么时间？什么地点？发生了什么事？涉及何人？人员伤亡和财产损失情况如何？政府的态度和措施怎样？要多讲形象细节和具体数据，少用概括性抽象性语言，力戒居高临下、照搬照抄的空洞说教。用事实、数据说话，根本不用多费口舌，就能让受众心悦诚服。此外，突发事件是一个复杂、微妙的多面体，在信息公开中不能一叶障目，只公开某一方面的情况，而对另一方面的情况避而不谈，或把个人情绪和意见掺杂其中而误导公众。

如果突发事件信息发布违背了真实客观的要求，就会陷入信任危机，影响事件处置，损害政府形象。2004年9月1日，俄罗斯别斯兰市第一中学发生劫持人质事件。起初俄罗斯联邦政府声称校内只有354人，但9月2日被释放的26名人质中的一名女教师说，人质超过1000名。对此重大消息，俄罗斯政府没有发布。在9月3日的解救行动中，俄塔社根据政府消息称，至少7名人质死亡，大约310名人质受伤。而当时美联社已抢先报道称，在学校体育馆内发现上百具尸体。事实证明，美联社的报道是真实客观的。事件中，1000多名师生被恐怖分子扣押为人质，其中300多人死亡、700多人受伤。俄罗斯政府闪烁其词的信息发布，令其信誉严重受损。

杭州飙车案之所以引发一场舆情风暴，原因也是信息发布不慎重、不准确。2009年5月7日晚，20岁的胡斌驾驶红色三菱跑车在杭州繁华街头与朋友飙车，将走在人行横道上的25岁青年谭卓当场撞死。当天深夜，有目击者把现场照片和事件经过贴在当地知名论坛“19楼”，身为“富家子弟”的肇事者和作为“普通路人”的受害人的身份对比成为网民讨论的焦点。5月8日，杭州市西湖交警部门

● 杭州飙车案被告人胡斌一审被判有期徒刑3年。图为2009年7月20日，胡斌在被告席上接受审判。

召开第一次新闻发布会，向媒体通报事故处理进展。警方称，依据肇事司机胡斌及相关证人的陈述，初步认定肇事车时速为“70码”左右，肇事司机承认当时未注意到行人动态。这一信息失之准确，未能得到公众认可，也激起现场目击者的普遍质疑与不满。“70码”的说法一下子将杭州交警卷入舆论漩涡，舆论纷纷质疑交警处理有偏袒肇事方之嫌，怀疑这种偏袒背后有权力勾结。“70码”“欺实马”等词迅速在网上蹿红，成为新的网络热词。5月14日，杭州市公安局向媒体发布了“5·7”交通肇事案鉴定报告，认定肇事车在事发路段的速度为84.1—101.2公里/小时，且该车做了改装。至此，沸沸扬扬的杭州飙车案才得以退热。

● 2012年，海南三亚海鲜“宰客门”事件漫画《谁吃谁》。

无独有偶。2012年1月29日下午，海南三亚市政府新闻办官方微博连发3条信息，回应当地春节期间发生的“一顿海鲜被宰近4000元”事件。微博内容空话套话连篇，缺乏实质性的自我检视，且自吹自擂三亚春节旅游“零投诉”，不合时宜地宣传虚假政绩。31日上午，又有官员表示，“对恶意攻击三亚的人，将依法追究责任”，态度生硬、傲慢。对官方“零投诉”的回应，网民和媒体报以“零容忍”，齐齐口诛笔伐。一时间，批评当地“政府不作为”“少数官员乱作为”“政府诚信缺失”的声音铺天盖地，使一宗原本普通的外地游客投诉、局限于消费领域的纠纷，迅速升级放大成损害三亚市政府和海南国际旅游岛形象的负面公共事件，直到市委书记公开道歉、涉事酒店受到查处，相关舆情才渐趋平息。

事实证明，社会公众的智商不容低估，因为许多人都炼有孙悟空那样的“火眼金睛”，花言巧语蒙骗不了人，穿着马甲的表演忽悠不了人。突发事件发生后，政府部门只有及时发布真实客观的权威信息，才能起到挤压谣言、疏导舆情的作用；否则，就会引发舆情危机，损害政府权威性和公信力。总之，让人信首先得自己信，只有知行合一、言行一致，才可能说服人、打动人。

三、简洁明了

突发事件信息发布应当使用具体、简练、通俗的新闻语言。具体并非事无巨细，一一详述，而是强调用事实、细节、数据说话，而不是用概念、判断和推理说话；简练是指内容简明扼要，开门见山，直截了当，化繁为简，少用长句，易读易记；通俗要求尽量使用生动形象、直白易懂的语言，不用生僻晦涩、深奥难懂的表述，少用专业术语，让公众一听就懂，一看就明。确需引用专业名词，也要用浅显的语言加以解释，使其易于理解。同时，杜绝使用“外交辞令”，以免给人“滑”的感觉。

美国有一个“369”传播原则，即“30个字、90秒、六年级水平”。所谓“30个字”，是指新闻发布的重要内容要简洁明了，力争用30个字来概括，方便媒体提炼成标题或用作导语，将主要内容准确传达出去；“90秒”，是指广播电视需要同期声，想让其准确传播你的话语，就要在90秒钟内表达完整，以便播出时不用再剪辑，防止断章取义；“六年级水平”，是指使用生动形象、通俗易懂的语言，让小学六年级的学生都能听得懂，增强传播效果。

新闻发布不是政绩宣传。要避免说“我们的立场是一贯的”“众所周知的”等空话套话；要少介绍取得了多少成就，干了多少工作；要少传达领导指示、重要讲话等。因为，记者对这些话不感兴趣，他们总是挑最有个性的材料和语言来写稿。

然而，现实中依然有一些政府官员把新闻发布当作政绩宣传，官话废话连篇，甚至借机肉麻地吹捧上级，让人不胜其烦。2010年6月21日，江西26条河流超过警戒线，抚河、信江等河流发生超历史纪录的特大洪水。18时30分左右，抚河干流右岸唱凯堤发生决口，严重威胁下游5个乡镇14.5万人、京福高速公路、316国道以及12万亩耕地的安全。当晚，央视《24小时》报道抚河汛情，主持人邱启明连线询问江西三防总指挥部办公室副主任平其俊。在这段长达3分50秒的采访视频里，主持人先询问决口的位置和面积，平其俊作了介绍，并强调唱凯堤历史上曾多次决口。但平其俊面向记者，却心系领导，从1分39秒开始，他如数家珍地“传达”江西省委书记、省长的“重要批示”，主持人打断说：“平主任你告诉我，决口有多大？下游的群众会不会受到威胁？如果会的话，目前有没有得到安全转移？”面对主持人的发问，平其俊仍旧我行我素，继续不厌其烦地“宣读”国家防总副总指挥、水利部部长、国家防总秘书长、水利部副部长以及江西省防总副总指挥、水利厅厅长的“重要指示”。在2分54秒，主持人再次打断：“平主任，我是非常想了解下游的群众有没有得到及时的通知、转移。”见平其俊依然如故，答非所问，主持人只好礼貌地感谢其接受采访，并结束连线。随后，“决堤为何冲不垮官腔？！”“官腔也是一种灾！”之类的批评声浪将平其俊陷于“千夫所指”之境。

总之，新闻发布要减少“宣传味”，避免空话套话，就得学会化抽象为具体、化深奥为浅显、化枯燥为有趣，把最重要、最精彩、最有价值、最希望媒体报道且记者最感兴趣的信息和观点，用最简洁生动的新闻语言表达出来，吸引媒体集中报道。

四、统一口径

对外信息发布必须防止政出多头、口径不一，引起混乱。同一突发事件，内部传出不同声音，是舆情应对的大忌，这样会暴露内部矛盾，令原本简单的事态变得复杂敏感。口径必须实事求是，简明扼要，包含重要信息，并且留有余地。

突发事件发生后，不管是新闻发言人，还是事件处置者、政府最高首长、涉事人员，面对媒体只能有一个口径，不能各说各话，无序表态。为此，必须注意以下三点：

一是由新闻发言人或其他指定专人统一对外发言，做到“用一个声音说话”，有一说一，切忌信口开河，禁止未经授权擅自发布信息或发表意见。

● 2009年2月22日下午，时任云南省委宣传部副部长伍皓给记者展示QQ群聊天记录。

二是认真准备发言内容，力求科学严谨，避免相互矛盾，自露破绽，授人以柄。不要谈不成熟的看法和模糊不清的提法，也不能使用诸如“大概”“好像”“差不多”等模棱两可的语言。

三是发言前政府内部要协调一致，达成共识，统一立场。发言时务必保持前后口径一致，不要随意改变预定策略。万一说错话，立即请记者协助更正；假如对方拒绝，就应找更多的媒体相助或请其上级主管部门协调。当然，如果错误较小，影响不大，可不必急于纠正，等下次新闻发布时修正即可。

处置突发事件时，如果政府部门之间口径不一致，就有可能前功尽弃，甚至引发新的舆情危机。在2009年1月云南晋宁县发生的“躲猫猫”事件中，时任省委宣传部副部长伍皓组织网民从虚拟走向现实，成立网民调查团，直接参与事件调查。然而，有关部门拒绝让网民会见犯罪嫌疑人，导致网络舆论再生波澜。本来，政府组织网民参与调查，是一项尊重民意、公开政务的创新举措，但后来调查受阻，让网民怀疑“躲猫猫”与执法部门不按规定执法有关，甚至怀疑之前的公开透明也是政府“作秀”。究其原因，在于政府内部意见不一，自相矛盾。当然，按照法律规定，普通公民没有侦查权，组织网民调查案件是否有越权或干预司法之嫌，值得商榷。事实上，从当地公安和司法部门以司法独立为由拒绝展示核心材料和证据来看，网民查案的确与现有司法制度相抵触，其实质性权力自然要受到固有体制的限制。

但作为独立第三方的网民调查团，的确有助于化解公共舆情事件。如2010年12月25日浙江温州乐清市蒲岐镇寨桥村原村委会主任钱云会被工程车碾压致死事件发生后，网上舆论一边倒地怀疑他是“替群众上访维权被害”，话语权完全掌握在部分意见领袖手中。面对民怨沸腾的被动局面，当地批准成立了以一些意见领袖为代表的观察团，显示了政府公正办案的诚意和决心。最终，观察团意见与政府调查结论基本吻合，公众疑虑和怨愤随之止息。

五、直面问题

近年来，“质疑”似乎成了许多人的一种习惯：一听说有年轻干部被提拔，就怀疑是“官二代”；一看到有人无私做好事，就猜测是“作秀”……2012年7月5日《中国青年报》报道称，该报通过对10709人进行的调查显示，71.8%的受访者确认身边普遍存在习惯性质疑者，41.1%的人坦言自己就有“习惯性质疑症”。这表明，社会信任度特别是部分基层政府的公信力在下滑，甚至在某种程度上陷入严重信任危机。

在“全民围观”的微博、微信时代，习惯性质疑已成为一种常态。但应当明白，质疑的目的不是为了蚕食信任，而是倒逼被质疑对象以负责任的态度回应公众疑问，以此考验和重建政府公信力。因此，在突发事件信息发布过程中，政府部门应勇于面对质疑，不绕弯子，不兜圈子，直接针对问题本身来回答；对问题所涉及的各方利益关系和利益诉求要全面展开，一一答复，不掩饰，不回避；对引发公众质疑和恐慌的问题或传闻要坦诚面对，逐一回应；对事件的处理结果尤其是当事人的责任追究要尽快公布。总之，一定要用肯定、直白的语言，给媒体和公众留下诚实、负责的印象。

如2011年广州增城新塘“6·11”群体打砸烧事件发生后，政府部门针对“川籍摆摊孕妇被保安打死”的可怕谣言，接连在“广州公安”微博回应质疑、澄清事实，并召开新闻发布会，请孕妇之夫现身说法、播放当地领导到医院看望孕妇的视频，从而迅速有力地粉碎了谣言，还原了真相，平息了众多外来工的怒火。随后，公开承认当地社区对外来工关心服务不够，尤其是个别治安人员素质低下、作风粗暴，存在乱收费和歧视外地人现象，造成外来工逐步积怨。接着，又公布聚众滋事者、涉事治安队员及有关党政领导的处理情况。这种敢

● 深圳交警局新闻发言人徐炜在“5·26”事件新闻发布会后被媒体追问。

于直面问题、及时回应关切的做法，让公众看到了政府依法依规处置违法者及相关责任人的坚定态度，受到舆论一致好评。

又如，2012年5月26日深圳天恒泰公司车队长侯培庆醉驾豪车撞向两辆的士造成3死3伤事故发生后，引发全国舆论高度关注，一宗交通事故迅速演变为一场公共事件。众多网民与死者家属一起质疑肇事司机被“顶包”，理由是车主不可能将豪华跑车交给一个打工仔使用，一个普通打工仔不可能拥有出入高消费场所并夜载三女飙车的实力和“气场”。面对各种质疑和猜测，深圳市交警局从28日起连续3天召开3场新闻发布会、1场微博访谈，持续公布事故现场视频、跑车车主照片、肇事者血液分析及DNA比对结果，力证肇事者确是侯某，不存在“顶包”。30日，深圳市人民检察院介入事故侦查，表示要严格查案，准确定性。至此，案情真相大白，公众疑虑冰释，“5·26”交通事故开始由一起公共事件回归案件本身。媒体普遍认为，警方不断回应质疑，检方主动提前介入，做到了信息透明，增进了官民互信，化解了舆论危机，这种谦逊诚恳、正视问题的态度，最为难得却也本就应当。深圳市交警局新闻发言人、副局长徐炜称：“回过头来看，媒体和网民很大程度上帮了我们，对我们很好地监督，逼着我们向媒体澄清事实。”

怀疑是人的本能，求真是人的天性。如果政府在突发事件新闻发布中闪烁其词，回避问题，“挤牙膏”般地“抖料”，甚至以“正在调查”的“万能回应”搪塞舆论，就有可能进一步激化矛盾，酿成舆情危机。2009年6月17日，湖北石首市永隆大酒店厨师涂远高坠楼身亡。家属怀疑死因，将尸体停放在酒店大堂，引来众多群众围观。6月19日，大批听信谣传的群众在该市东岳路和东方大道设置路障，阻碍交通，围观起哄，现场秩序混乱。6月20日上午至夜间，围观群众少则数千人，多达数万人。湖北省公安厅、省武警总队、荆州市公安局从各地抽调上千名武警和公安干警赶到现场处置事件。期间，部分围观群众多次与警察发生冲突，导致多名警察受伤，多辆消防车和警车被砸坏。21日凌晨，死者尸体被送往殡仪馆，围观人群散去，事态逐渐平息。

探寻舆情恶化原因，在于坠楼事件发生后近80个小时内，政府新闻发布语焉不详，避重就轻。如6月19日，当地政府网站发布消息《我市发生一起非正常死亡事件》，称发现死者遗书，初步认定为自杀，但对群众的质疑未做任何回应。与此同时，不少网站的贴吧、播客中出现了大量相关帖文和网民用手机拍摄的现场视频，各种传闻充斥其间，混淆视听。警方迟迟没有提供具有说服力的合理解释，导致部分群众受网上不实传闻的蛊惑，情绪失控并做出过激举动。

有的甚至以玩弄文字游戏的方式回避问题。如2011年8月9日，一网民向江西鹰潭龙虎山政府网反映新农村建设中的豆腐渣工程，并以某村一段劣质水泥路为例。岂料，该网站回复称："豆腐渣是我最喜欢吃的菜。"以如此令人匪夷所思、啼笑皆非的雷语来糊弄网民、回避问题，足见其过人"胆识"和非凡"智慧"。有网民就此提出批评，当地政府则称"内部人这样回复的可能性很小，尚不清楚网站是否被黑"。又如，2013年7月15日，中国广播网披露称，广东韶关市农业局一副局长在面对前来调查该市土壤重金属污染情况的全国人大代表质询时说："镉超标大米不是毒大米，吃一两年没问题。"这种对农产品质量安全问题轻描淡写的说法，立即遭到众多网民的口诛笔伐，直到当事人认错道歉，才平息舆论。

不敢直面问题，有时是为了撑面子，但大都是为了逃避责任、转移视线。其实，在当今"业余记者"满天飞的自媒体时代，"舆论聚光灯"无时不在、无孔不入，再多的胭脂水粉也无法完全掩藏固有的丑陋面目。文过饰非，为事故和问题化妆，只能增加舆论险情，给现实和历史留下诸如"躲猫猫死""喝开水死"之类的奇谈和笑料。

事实证明，舆论最讨厌回避和掩盖问题：逃避疑问的回答，南辕北辙的反应，左躲右闪的说辞，不会使舆情止沸；至于那些故意忽略关键性问题的回应，即使赶上了“及时”这班“首发车”，也有可能只是一班开往“不满意”的“地铁”。唯有直面问题、如实作答，方能释疑止谣、疏导舆情。

当然，对于那些没有边界的质疑，特别是预设立场或绑架道德的质疑，也应义正辞严、毫不留情地回击，让不怀好意的质疑者明白，理性和建设性是质疑的生命线，质疑的目的是为了找到问题的根源和解决之道，而不是为了激化矛盾或置对方于死地。

六、尊重民意

在突发事件新闻发布过程中，政府要坚持以民为本，尊重民意，做到以下四点：

一是畅通民意。积极利用各种渠道收集社情民意，尤其要发挥网络表达平台的作用；

二是吸纳民意。切实尊重和满足公众知情权、监督权和参与权，充分采纳民众的合理意见；

三是疏导民意。主动对话交流，化解群众不满情绪，疏导网络负面舆情；

四是顺应民意。充分考虑民众的切身感受，回应民众的利益诉求，尊重民众的合理选择。

广东汕尾陆丰乌坎事件的舆情应对，充分体现了对民意的敬畏和尊重。2011年9月以来，乌坎村部分村民因不满村委会在土地征用、换届选举、财务管理等方面存在严重问题，频频上访未果，导致发生与当地政府严重对抗的群体冲突事件。广东省委及时派出工作组，以“民意为重、群众为先、以人为本、阳光透明、法律为上”为原则，进村入户，深入调查，平等对话，顺应村民合理诉求，严肃处理问题村官，严密组织村委选举，终于化解了村民过激情绪，使事件获得圆满解决。正如2011年12月22日《人民日报》评论《“乌坎转机”提示我们什么？》所言：“在面对具体矛盾冲突时，把握了群众利益的诉求点，也就把握了问题解决的关键点。”

可见，新闻发布方与舆情处置者一样，应秉承“讼吾过者是吾师”的理念，养成承受指责、包容挑剔、消化意见的雅量，从批评中发现错漏，从苛责中悟出期许，尽力解决问题、积极化解怨气，吸取以往教训、改进今后工作，从源头上疏导舆情。同时，要去掉“官念”，放下身段，与记者和民众平等沟通，坦诚交流，拉近距离，消除隔阂，发现舆情症结，找准化解良方。

根据上述要求，有实际工作者提出了突发事件信息发布的“五不要”：

一是不要推测突发事件的结果，特别是伤亡人数；

二是不要使用高深术语，避免公众听不懂；

三是不要妄议法律责任，这是法院或仲裁机构的职责；

四是不要发布不准确的信息，防止出现不同的立场和观点；

五是不要对记者说诸如“无可奉告”“此事可能是”之类的话，不能要求记者报道或不报道什么，更不能强求审稿。

第六章

媒体服务指南

随着媒体行业的繁荣发展特别是移动互联媒体的快速崛起，我们已经生活在一个高度媒介化、透明化的社会，一个舆论监督常态化、实效化的社会，一个公众知情欲望、参与意识空前高涨的社会。面对突发事件，政府部门假如封锁消息、隐瞒真相、回避媒体，就会激怒舆论、恶化舆情，陷入严重信任危机。只有重视媒体、服务媒体，才能获得舆论支持，促进事件顺利处置。

第一节　记者接待

一、成立新闻中心

根据事件处置需要，政府可在现场附近设立新闻中心，负责受理记者采访申请、办理临时采访证件，提供上网、电话、传真等通讯服务，并协助记者解决交通、食宿、翻译、向导等问题。新闻中心24小时运转，备好事件有关材料，及时提供采访信息。

新闻中心要根据报纸、广播、电视和网站等媒体的不同特点精心安排采访，按照媒体定位和影响力合理分配信息资源，注意不同类型、不同地区媒体之间的平衡。

二、无障碍采访

新闻机构对涉及国家利益和公共利益的事件依法享有知情权、采访权、发表权、批评权和监督权，其派出的采编人员依法从事新闻采访活动受法律保护。所以，突发事件发生后，政府要践行“无障碍采访”理念，尽量满足记者采访需求。无论是中央和省级媒体的记者，还是境外媒体的记者，无论是进行正面宣传，还是开展批评报道，只要依法依规，任何组织或个人都不得干扰或阻挠，都应敞开大门欢迎，不设卡、不堵截、不劝阻。

2008年5月24日，时任总理温家宝在汶川地震震中映秀镇接受中外记者采访时表示，欢迎世界各国的记者前来采访，相信大家会用良知、人道主义精神，公正、客观、实事求是地报道震情、灾情和中国所做的工作。温总理的表态标志着信息公开已经成为中国政府在今后发展中必须奉行的重要原则。随着地震采访报道权的对外开放，全球100多家境外媒体的300多名记者深入灾区，多数外媒都做出了客观真实或积极正面的报道。

面对记者来访，处事部门不能刻意躲避，冷语相向，更不能拒之门外。在核实身份后，要带领记者前往新闻中心；如未成立新闻中心，也要热情接待，积极沟通，为记者采访提供便利。

事实证明，满足记者采访需求，对于妥善应对突发事件舆情十分重要。2010年1月中旬，一则关于“湖南省委干部耍横砸店打人”的帖文在天涯社区、东湖社区等国内多个知名网络论坛广泛流传。帖文称湖南某厅级高官撞坏了路旁一商户的新车，还动手打人，扬言砸店。很多网民义愤填膺，骂声一片，舆论呈现一边倒的趋势。当记者与湖南宣传部门取得联系后，当地积极协助记者采访，最后查清事实真相并非如网帖所言，而是单位聘用的司机私自驾车外出闯祸。记者迅速发稿澄清后，网上谣言随之消失。

三、提供信息服务

政府部门要主动、及时向记者提供突发事件有关信息，确保新闻报道的准确性和权威性。不能对业经核实的合法新闻机构及新闻记者封锁消息、隐瞒事实，以免记者四处“扑料”，根据猜测和传闻进行报道。

为提高信息服务的针对性实效性，要根据不同媒体的内容定位和报道风格提供“适销对路”的信息。同时，应通过全程贴身服务，随时了解记者需求和行踪，积极影响记者的报道基调。

四、讲究接待艺术

接待记者采访时，要详细了解记者及其所在媒体的情况，弄清采访意图、地点和对象，以便妥善安排和灵活应对。尤其是面对舆论危机时，委婉的态度、谦卑的表情、恳切的言辞，可以换取记者的友善和谅解。因此，要尽力避免与记者正面冲突，产生对立情绪；更不要无理阻挠记者采访，以免激化矛盾。

举例来说：在河南郑州市须水镇西岗村原本被划拨为建设经济适用房的土地上，开发商建起了12幢连体别墅和两幢楼中楼。2009年6月17日，中央人民广播电台记者任磊萍赶赴郑州调查此事。在郑州市规划局主管信访工作的逯军副局长办公室，记者拿出市规划局出具给村民宋先生的信访意见书。一看到意见书上宋先生的名字，逯军就要检查记者的采访设备。在拔掉采访机话筒后，他的第一句话居然是："你们广播电台管这闲事干什么？"当记者要求他对该信访处理意见进行解释时，逯军副局长质问记者："你是准备替党说话，还是准备替老百姓说话？"这一错误言论被记者曝光后，在网上引起轩然大波。有网民评曰："见过雷的，见过牛的，还真没见过雷死牛的。"6月22日，郑州市政府新闻办发布消息称，逯军已被停职检查，并开始调查经适房建别墅事件。这句把党和群众对立起来的"替谁说话"言论，被网民评为当年"最牛雷语"。

● 网上出现的逯军事件漫画《为谁说话》。

接待境外记者时，要坚持党性原则，遵守外事纪律，维护国家利益。既要热情服务，提供信息，又要有理有据，不卑不亢，依法行事，避免授人以柄，引起炒作，陷入被动。如果境外记者以采访为幌子，打探国家秘密，收集军事、政治情报以及其他事关国家安全的内部信息，必须立即制止，必要时报告国家安全机关；如果境外记者在采访突发事件过程中，有意煽动不明真相的群众违法闹事，或者借机策划危害社会稳定和国家安全的犯罪活动，必须坚决阻止，并且及时补救。

第二节　现场管理

一、及时到达现场

突发事件具有很高的新闻价值，社会公众高度关注，是媒体竞相报道、展示实力的重点题材。出于职业敏感和竞争需要，媒体记者闻风而动，往往先于政府官员到达事发现场。为了掌握新闻处理和舆情应对主动权，避免不必要的麻烦，政府有关部门要及时派人赶抵现场，会同其他处事人员热情接待、有序组织记者采访。

事实证明，政府有关部门领导尤其是新闻发言人第一时间到达现场非常重要。2003年3月12日上午10时许，一外地精神病男子携炸药包闯入路透社驻京办事处，自称要诉说冤屈，并威胁引爆炸药。路透社员工马上报警。5分钟后警方赶到现场，疏散所有人员，制服可疑男子。北京市公安局新闻发言人闻讯火速赶来，分散在外围的国内外记者顿时聚集在他周围，听到了统一、权威的声音。试想，如果当时新闻发言人反应迟钝，在场的记者们就可能在焦急等待中进行猜测，发出不准确的报道。

二、现场记者管理

做好突发事件现场记者管理，主要有以下三方面工作：

一是了解现场采访的媒体和记者情况，包括媒体名称、记者姓名、活动区域、采访内容等。

二是规范记者采访活动，如划定采访区或不允许进入的禁区，以便相关部门集中精力处理事件。禁区可用警戒线分隔，但范围的划定要慎重，并对记者解释说明。可根据事件类型和性质确定采访区，如交通事故，可在安全又便于记者拍摄的地方设置采访区；劫

● 全国“两会”期间，记者采访现场秩序井然。

持人质、群体冲突等事件，则应避免记者靠近危险现场。

三是加强采访证件管理。新闻记者证是我国境内新闻记者从事新闻采访活动的唯一合法证件，是新闻记者职务身份的有效证明。境内报刊、通讯社、广播、电视等媒体的新闻记者证，由国务院授权新闻出版广电总局统一制发，可通过电话、互联网等方式查验。记者采访时应当示证。特殊情况下，可制发适当数量的临时采访证，与记者证一同使用，记者持双证才能进入现场。

突发事件的顺利处置，离不开现场记者的有效管理。如，2009年成都“6·5”公交车燃烧事故发生后，大量记者前往收治伤员的医院，要求采访伤员及其家属和医护人员。成都市政府新闻办派人驻守在有关医院，实行救治现场采访管理。记者必须持有政府发放的病区采访证，才能进入病区采访。驻守人员除了维持现场采访秩序外，还尽量协调医院、伤员、家属和记者之间的关系，为媒体联系采访对象，安排采访时间，提供采访场所。这样既维护了医院救治工作秩序，又满足了记者采访需求。政府的媒体服务与现场管理不仅得到了医院、媒体和伤员的好评，而且一定程度上掌控了信息源头，有效引导了舆论。

现场记者管理的目的是维护采访秩序和人身安全，而不是阻挠记者采访。事实上，任何无理阻止记者进入现场的行为都是愚蠢的，也注定会失败的。如2001年7月17日，广西南丹县拉甲坡矿特大透水事故发生后，县委县政府主要领导伙同矿主隐瞒封锁消息，阻止记者采访，严令矿工“封嘴”。17天后，这起造成81人死亡的矿难被《人民日报》等媒体揭露；一年后的2002年8月26日，瞒报主谋、受贿321万多元的县委书记万瑞忠被终审判死。

三、现场信息管理

这是确保突发事件信息进出渠道双向畅通、准确无误的关键一环。现场信息管理应做到以下三点：

一是畅通信息来源。要同处事部门和人员保持紧密联系，确保核心信息及时获取，经过确认后用于新闻发布。

二是掌控信息输出。以核心信息资源作牵引是规范记者采访行为的有效手段。要明确告诉媒体记者在哪里、何时可以得到最新信息，令其不会轻易离开而去别处挖料。

三是专人发布信息。要确保对外公开的所有信息都经过精心准备和严格审核，且由新闻发言人或指定专人统一发布，其他工作人员不能擅自接受记者采访，不能在工作场所之外谈论事件，始终保持信息发布的准确性、权威性和可控性。

四、相关现场管理

突发事件不仅有第一现场，还有第二、第三现场。如突发安全事故，事发地是第一现场，救治伤员的医院是第二现场，伤亡人员的家则有可能成为第三现场。第二、第三现场同样受记者关注，很多新闻包括不实信息正是出自那里。因此，不仅要维持好第一现场的记者采访秩序，也不能忽视相关现场的采访管理。

第三节　采访应对

企业管理理论中有一个著名的观点：细节决定成败。这个观点包含的道理同样适用于应对媒体采访，特别是对负面敏感事件的采访。因为此类访谈涉及许多具体细微的环节，也可能遇到各种意想不到的问题，需要事前充分论证、周密部署，制订详细的方案和措施。如果在细节问题上马马虎虎、大而化之，就会失之于粗、漏洞百出，使整个访谈陷入被动境地，甚至节外生枝。

因此，突发事件发生后，不论是涉事单位的新闻发言人，还是其他领导或处事人员，一旦接受记者采访，其身份就是一个舆情信息传播者和社会舆论引导者，就一定要高度重视、精心准备，注重细节、一丝不苟，确保答问得体、效果良好。

一、不打无准备之仗

1. 选择合适媒体

对媒体或记者要有所选择。要了解记者来自哪家媒体，采访什么，目的怎样，以何种方式、何时发稿。具体要做到以下三点：

● 外国媒体记者正在提问。

一是要选择功能合适的媒体。媒体内容定位不同，功能各有侧重。严肃、沉重的题材（如辟谣、声明、表态、道歉、悼念等）适合时政类媒体，而不宜选择娱乐性媒体；为政府处置决策开路的敏感议题，可在大众市场有影响力的都市类媒体刊播，理由是这类信息不同于政府公告或政策法令，在机关报（台）之外的媒体发布，可降低“为政府说话”之嫌，易于公众接受。

二是应选择客观公正的媒体。事先要调查了解有关媒体记者是否报道过本单位，报道是否客观公正；如果对本单位成见较深，选择该媒体记者时就要特别慎重。此外，可查阅该记者发表的新闻作品，了解其选题取向和写作风格，预测其本次采访意图和报道角度。

三是尽量选择有代表性、有影响力的媒体。这是确保传播效果的前提条件。各国领导人出访前通常只接受对方国家颇有影响力的大媒体独家或联合采访，原因就在于此。

2. 了解采访事宜

主要了解以下四方面事宜：

第一，弄清记者采访的主题和问题，分析和预测采访中记者是否会提出问题单之外的问题。接受采访时可以要求记者按问题单提问，但记者有时会不完全按问题单甚至撇开问题单，提出一些被采访者事先毫无准备的敏感问题。如果不回答，往往双方都会难堪。所以，采访前要对记者可能提到的相关敏感问题准备答问口径，以防万一。如果建有热点问题口径库，可从中备选几个答问口径，确保不发生“无可奉告”或“后悔失言”的事情。

第二，约定采访内容如何使用，是“可具名发表”“不具名发表”，还是“不能发表”。“可具名发表”意味着记者在报道中可以公开被采访者的名字和所谈内容；“不具名发表”就是可以引用被采访者的话语，但不能指名道姓，只能用“据消息权威人士透露”“据一位不愿透露姓名的官员说”等匿名性表述；如果“不能发表”，就不能公开任何采访内容，仅供记者掌握情况，待时机成熟时再做报道。

第三，明确是否由被采访者审稿。被采访者有权要求审阅记者的稿子，以此确保记者引用的话和事实准确无误；如果不让审稿，可以拒绝接受采访。但若记者采访后不让审稿，也不要勉强，以免伤其自尊，影响友好关系。同时，问清是否全面报道或全文刊登，如要删减，可否由被采访者“操刀”或让其审稿。记住：如果不要求审稿，肯定看不到稿子；但若提出审稿，要注意说话分寸。

第四，问明是否由被采访者确定标题。如今是信息爆炸时代，读者往往没有太多时间阅读全文，通常只浏览标题和导语，就作出判断，形成观点，跟帖评论。所以，有“新闻眼睛”之称的标题必须准确反映报道主要内容。但由于诸多原因，新闻标题与内容很可能有出入，甚至偏离主题。因此，接受采访时，要先将自己认为最重要、最想表达的内容以简短的语言概括出来，让记者准确把握你的意思，用作标题或导语。

二、从容回答问题

1. 心平气和

面对记者的批评质疑，甚至媒体出现中伤性报道时，涉事单位领导或发言人要心平气和，千万不要以牙还牙、大动肝火、极力辩驳，更不能指责媒体不负责任、造谣滋事、别有用心，而是要机智、有风度地予以澄清。因为指责和反击媒体记者，不但起不到积极作用，反而会被认为态度不诚恳，弄不好会身败名裂。故此，最好的办法就是冷静陈述事件，还原事实真相。

要说服人，就要心平气和。当本单位面临不实传闻甚至无端指责时，被采访者不要表露出对抗心理，应尽力收敛愤怒神情，可这样谦虚诚恳地表态："现在社会上出现一些有关本单位的传闻或意见，引起了我们高度重视。我们认为这些批评是对我们工作的一种监督，对改进我们的工作有帮助。在此表示感谢。但要说明的是，传闻中的一些说法与事实有出入，本着对公众负责、对本单位广大职工负责的态度，需要做一些说明和更正。"更正完后，再次表示"欢迎公众和媒体给予更多的监督和帮助"。

要少说错话，也得心平气和。如2009年10月27日广州新光快速路有限公司某部门经理在面对《羊城晚报》记者就"施工封路为何不征求市民意见"的质问时，情绪失控大爆粗口："我是不是拉屎也要告诉你啊？臭不臭也要告诉你？"这番雷语经媒体曝光后，尽管该经理登门向记者赔礼道歉，但最终仍在舆论批评声中被免职。

● 媒体有关于建嵘（左）罢宴的报道。

类似例子不胜枚举。如2010年11月1日，中国社科院农村发展研究所社会问题研究中心主任于建嵘应邀到江西万载县授课时，号召党员干部不要强拆老百姓的房子，结果在赴午宴时遭到县委书记如此批驳："发展就要强拆，不然你们这些知识分子吃什么？你在台上这样一讲，下面的干部就不会去执行县委的决定了。"于建嵘惊闻此语，愤然离席，拂袖而去。当日13时3分，这句话出现在于建嵘的微博上，迅速引发网络炮轰。又如2011年2月15日《三湘都市报》报道称，该报记者就湖南永州市零陵区部分教师吃空饷一事采访区教育局局长胡乃湘时，胡竟称："空饷吃的是地方政府财政，不是国家财政，关你记者什么事？公务员吃空饷的更多，你们记者怎么不去关注？"这种"沉不住气"说出的幼稚而荒唐的雷语，暴露了该局长"知错不改"的"愚蠢"，更是曲解了记者采访的本意，无疑遭到网络舆论的猛烈抨击。

尤其在国际场合，心平气和至关重要。如在1960年10月11日召开的联合国秋季会议上，菲律宾大使洛伦佐·萨姆朗在发言时暗示，苏联对西方殖民主义制度的抱怨是不平等的，因为苏联也在东欧建立了一些傀儡政权。苏共中央总书记赫鲁晓夫听后暴跳如雷，大骂那个大使"是一个帝国主义的走狗"，并脱掉右脚上的鞋子猛敲桌子，以表达不满和愤怒。这一冲动失态之举成为千古笑柄。

赫鲁晓夫的教训提醒我们，当西方媒体对我们国家的崛起产生误解、偏见甚至无端指责时，不能感情用事，以大喊大叫、拍桌子的方式批评、反驳对方，而是要理性平和地用人家听得懂的语言、能够接受的方式摆事实讲道理，这才是科学的态度和自信的表现。讲好中国梦和中国故事，乃至回击"唱衰中国"的声音，应如杜甫诗言："随风潜入夜，润物细无声。"

2. 掌控时间

接受采访时要善于掌控时间，每个问题最好在一两分钟内答完，不要没完没了地解释和发挥。实践证明，拒绝记者采访是愚蠢的，长时间与记者交流也是不明智的。都说"言多必失"，面对记者还是言简意赅、少说为佳。记住：打破沉默是记者的事，记者没有问题了，就应该结束采访，千万不要因为害怕冷场而没话找话，谈论采访主题之外的新话题，否则可能节外生枝。

3. 有的放矢

面对不同媒体，应选择不同的语言风格，提供侧重点不同的内容。如在接受生活类或娱乐类媒体采访时，语言要轻松活泼，内容要通俗易懂；在接受机关报（刊、台、网）采访时，语言要严肃庄重，内容要有一定的理论性和思想性；在接受外国媒体采访时，既要维护国家利益和民族尊严，旗帜鲜明地表明事实、观点和态度，又要避免灌输式说教，考虑对方国家的文化传统、政治理念、思维习惯、接受心理和社会习俗，实现对外传播的“有限共识”。

4. 尊重记者

记者的背后就是舆论，面对记者就是面对舆论。接受采访时，不要居高临下、指手画脚，更不能怒目敌视、剑拔弩张，激怒、得罪记者，而是要把自己摆在与记者平等的位置上，充分尊重和善待记者，即使对方提问让你很不舒服，想拍桌子，也要保持宽容和克制，显示涵养和耐心，否则会带来不必要的麻烦。

如，1999年9月3日，受中央人民广播电台《新闻纵横》编辑室委托，河南电台记者王小兵到兰考县采制国庆特别节目《县委书记的好榜样焦裕禄》。9月4日，兰考县委书记宗家邦陪同开封市参加“三讲”（讲学习、讲政治、讲正气）教育的领导到焦裕禄陵园敬献花圈。王记者闻讯赶到活动现场，向宗家邦说明来意。宗家邦勉强答应中午陪领导吃完饭后接受采访。下午，记者几经周折在县里一家宾馆找到宗家邦，有意识地将话题引向焦裕禄，带着醉意的宗家邦却对自己的政绩大谈特谈，并说：“焦裕禄同志在兰考有好多事都没办好，我的任务很重啊！”记者见对方“跑题”，不断提醒要多谈谈焦裕禄。宗家邦被问得不耐烦了，突然生气，大声喝道：“我对你的问题不感兴趣，焦裕禄精神我一听就烦！”随后大骂记者，并将他赶出门。酒醒后，宗家邦觉得不对劲，忙派人找记者。当得知记者已返回郑州时，他立刻丢下手上一切事务，亲自开车前往郑州“公关”，但为时已晚。9月9日，宗家邦有关“焦裕禄精神我一听就烦”的言论被河南电台曝光，立刻引发全国媒体和公众强烈谴责，开封市委迅速免去宗家邦的县委书记职务。这位不到

40岁的县太爷对省调查组解释说，自己当天喝酒多了，“是酒后失言”。有网友针锋相对，指其“酒后吐真言”。

在有些人看来，说话粗一点，有时会被认为是不拘小节，甚至是有个性，不算多大个事儿。但公职人员特别是领导干部和新闻发言人在公共场合，尤其是面对媒体记者时，必须注意这样的小节，千万不能爆粗口、训斥人。因为你的不当言行会影响你本人和本单位的社会形象，损害政府公信力。

5. 善于回避

接受媒体采访时，如果对记者的某个问题不知道答案，或者知道答案却因种种原因不便公开，而你又不能说“无可奉告”，必须有所回应，这时就要善于回避，把自己想说的话说出来，不想说或不能说的话坚决不说。

善于回避是一门艺术，需要娴熟的技巧。如，在外交部一次例行新闻发布会上，一位记者问发言人：“你对目前香港股市动荡有何评论？”发言人回答：“我是外交部发言人，不是金融专家，对股市情况不是很了解，因此，我不想对这一问题多做评论。请你向有关金融部门了解。”发言人得体的应对，巧妙地回避了不便回答的问题。

反问是回避疑难问题的有效方法。有的记者提问很刁钻，甚至给你设陷阱，如果你老老实实回答，就会陷入非常尴尬的被动困境。这时候，最好的办法就是反诘，让对方接招。如20世纪80年代初著名作家梁晓声访问德国时，德国之声记者抛出一个令他难堪的问题：“中国‘文化大革命’造就了一大批优秀的作家，包括您在内。请问‘文化大革命’是好还是坏？”如果说好，绝不是事实；但若无“文革”，也不可能产生像梁晓声这样的伤痕文学作家群；更为难的是，当时中央还没出台《关于建国以来党的若干历史问题的决议》，也就是说，中央对“文革”尚未做出权威定论，谁都不能对此问题贸然作答。但梁晓声毕竟是有敏锐政治头脑和丰富历史常识的聪明人，他灵机一动反问对方：“第二次世界大战也造就了一大批优秀的作家，既包括东方的，也包括西方的。请问二战是好还是坏？”众所周知，二战是德国、意大利、日本法西斯发动的人类历史上规模最大、损失最惨重的一次战争，它使世界人民蒙受了空前的灾难。德国记者一下子被问住了，自讨没趣，一脸尴尬，再也不敢纠缠“文革”话题。梁晓声正是抓住对方问题中的逻辑矛盾进行反问，简洁有力，含义深刻，迅速使自己变被动为主动。

反问是一种辩论技巧，但要用得其所，千万不能滥用，否则会适得其反。如2010年全国“两会”期间，一名记者问某省政协主席：“你怎样看待官员财产公示制度？”这位主席回应：“很遗憾，我对这个问题没有研究。”见记者再三追问，他竟这样反问对方：“为什么不公布老百姓的财产？那些企业老板的利润为什么不向工人公布？”此番言论曝光后，众多网民齐声驳斥，指其“低水平、雷死人，真是一大奇观”。

如果不能反问对方，就要通过巧妙置换关键词，强调事件的另一方面，把话题引到你可控的问题上来。

6. 巧妙纠正

遇到记者询问失实的传闻或带有攻击性的负面问题时，如果怒气冲冲、针锋相对地拼命反驳或否定，就会有失风度，弄僵气氛，让自己陷入更不利的境地。为避免争吵和尴尬，可使用阻隔和转折用词来岔开话题，继而巧妙纠正不实传闻。如，运用“这种说法不完全正确，事实上……”“在这个问题上，很重要的一点是……”“事件正在调查中，我们应当特别关注的是……”“我不知道……我所了解的情况是……”等过渡语，既接下记者的问题，显出真诚和雅量，又赢得几秒钟思考时间，有利于从容不迫地纠正问题或澄清事实。在此，特别提醒两点：

一是回答时不要重复记者的负面陈述，否则你就可能“变”成说出那句话的人，并被记者截取负面内容的话语大做文章。

二是自始至终都要保持接受采访的专业态度。即使访问结束后，和记者一起走出办公室，也还是访问的一部分，记者仍在观察和思考，你千万不能松懈大意，没话找话，以免最后说错而令整个访谈毁于一旦。

遇到记者突然提出意外问题，久经考验、急智过人的受访者能够泰然自若地面对，并能巧妙切换话题；但也有不少人的“临场反应”是惊慌失措，脑中一片空白，不知如何回答。对于后者，同样可以仿效上述搭桥过渡法。如果记者所提问题客观中性，你可先赞扬记者，然后缓慢复述其提问内容，以争取更多时间让自己镇定下来思考答问。

但务必谨记，答记者问靠的不是天马行空、自由联想的即席演讲能力，不是“突发奇想”或“凭机灵取胜”的天赋，而是需要平时努力练习才能灵活运用的技巧。正所谓“磨刀不误砍柴工”。

三、应对特殊采访

1. 如何接受电话采访

接受电话采访要特别慎重。因这种方式难以确认对方身份和意图，且有可能被录音，谈错了改不了，语气也容易产生误解，效果很难控制。所以，一般情况下尽量不要接受电话采访，可在电话中以难以确认对方真实身份为由婉拒。如同意电话采访，也不要马上答问，应先记下问题，准备充分后再作答。

突发事件发生后，很可能会有记者来电采访。如确需接受电话采访，就要事先规范相关工作程序，确定接听人及其职责。接听人不能在电话中随意答问，务必备好口径，并经审核同意。

接受电话采访需防掉入陷阱。有时候，一些记者在电话中提问时，已连线电台或电视台，受访者说的任何一句话都可能被实况直播。且记者所提问题往往不会刊播，受访者的回答却常常会出现在独立的报道中，脱离了一问一答的逻辑关系，容易出现片面失实、断章取义的情况。如果实在无法拒绝电话采访，态度一定要友好，说话一定要谨慎，以免授人以柄，惹来麻烦。

2. 如何接受广播电视台采访

主要注意以下六点：

一是弄清是否直播。如果是直播，受访者说的任何话都会即时向受众传开，没有任何回旋余地。

二是注意语言表达。一般情况下，受访者会越说越快，但过快的语速会影响效果，因此要保持适当语速；单一的语调既易让听（观）众感到厌烦，又会导致说话人紧张，所以语调要有变化；说话应干脆利落，简洁明了，通俗易懂，不能支支吾吾，啰啰唆唆，也不要食古不化，满口之乎者也。

三是回答问题要简练，不能太长，以免被记者剪辑后导致断章取义。因为一条电视新闻时长一般只有一两分钟甚至几十秒，受访者说得越多，被剪辑的余地就越大，并且电视台到底选用受访者的哪些话由记者说了算，难免会以偏概全或遗漏重点。美国前国务卿基辛格说过："千万不要长时间接受记者采访。因为时间长了，你给记者选择的余地就大了，你想要他报出的东西就可能报不出去。我在担任总统国家安全助理和国务卿时，接受电视台黄金时段新闻记者采访，最多只讲3分钟的话，从不讲长话。"

四是不要露出与采访话题和现场气氛不相称的态度和表情。无论面对多么尖刻的提问，就算看出是对方设的圈套，受访者都要保持沉着冷静，避免表露不耐烦或不屑神情，更不能反应过度，鲁莽反击，而是要始终表现出足够的诚恳和耐心。同时，不要顾左右而言他，这样不礼貌，让人觉得你心不诚。要记住，受访者的任何表情和举动都置于观众的审视之下，任何不满和敌意都会在电视上被放大，引发负面舆情。

陕西省原安监局局长杨达才就是一个反面典型。2012年8月26日，杨达才在造成36人死亡的延安"8·26"车祸现场露出不经意的微笑，被记者摄录并上传个人微博，立即受到公众质疑和抨击。随后这名"微笑局长"在不同场合佩戴多块名牌手表的图片在网上广泛传播，被网民戏称为"表哥"。当地纪委循线查出其违法违纪行为。2013年9月5日，杨达才因受贿25万元、

● 杨达才在事故现场。

504万元财产来源不明，被西安市中级人民法院判处有期徒刑14年。网民称杨达才“笑错了地方”“笑掉了官帽”，告诫党政官员和新闻发言人“灾难发生别露笑容”。

五是注意服装颜色和搭配。得体的着装、适当的举止，不仅体现个人修养，也代表单位形象。穿着应当简单、端庄、大方，不穿纯白、纯黑、大方格、深条纹、太艳丽的衣服，更不穿奇装异服。特别是接受电视采访时，要避免过淡或过深的服装颜色，宜选择蓝色、绿色、紫色等中性色彩，这样不仅能吸引人的注意力，而且显得特别真实。服装应该力求简朴，不要带有图案装饰，否则会分散观众注意力。男性着装要体现庄重和权威感，给人以大气、自信的感觉；女性着装应庄重、保守，体现淡雅、自然的气质。值得指出的是，服装颜色还要考虑突发事件的性质和情况：如果事件造成人员伤亡，接受采访时就要穿得庄重严肃，花花绿绿肯定不合适，甚至会引起观众反感。

六是善于运用肢体语言。说话辅以手势，不仅能对所说的话起到强调作用，还能将语言难以形容的微妙细节表达出来，提高交流效率，并有助于放松心理、调控情绪。首先，眼神交流要镇定自若，否则会让人感觉你心里不安和不可信。听记者提问时，应保持全神贯注，看着对方的脸；自己说话时，不要一直看着对方，可讲完一段话或一句话时再看对方，并观察对方反应，判断其是否明白你讲的内容。其次，表情和动作不能太丰富、夸张，不能摇头晃脑、手舞足蹈，但也不能呆滞、木讷，应该面带微笑，灵活运用手势。再次，音量和语速要恰到好处：念到重要的语句或数字时声音要强一些，说到要点时前后停顿一下；语速不能过于急促或缓慢，可通过换气形成良好的节奏。此外，要杜绝多余的语气词，如“嗯”“啊”“然后”“就是说”等。总之，使用肢体语言比僵直不动更有利于交流，既不宜显得拘谨，也不能过于放松。

3. 如何接受随机采访

新闻发言人可能会接受记者随机采访。对待随机采访，应注意以下三点：

第一，是否回答问题，取决于发言人是否有话要说。一般情况下，最好还是回答提问，因为就职责而言，“释疑解惑”是其义务，“无可奉告”有损形象。即使记者再提发布会上答过的问题，也不要显得不耐烦，埋怨记者没有认真听，而是要体现风度和雅量，再对相关内容作简要复述。如果不想回答，也要委婉拒绝，避免生硬粗暴、得罪记者。

第二，回答不能太随意。由于不是正规新闻发布场合，发言人有时会放松警惕，回答问题比较随意，甚至大谈个人看法。事实上，在记者看来，发言人不论在台上还是台下，都是没有个人看法的，都是为所在单位代言。

第三，回答要沉着冷静。发布会结束后，记者有可能对发言人在台上的答问提出质疑，说话可能不太中听，比较尖刻。对此，发言人要保持冷静，不要动怒，更不要教训记者。周恩来总理在这方面堪称典范。有一次，一个不怀好意的美国记者挑衅地问他：“总理阁下，你们中国人为什么把人走的路叫马路呢？”总理很自豪地回答：“我们中国走的是马克思主义之路，简称为马路。”对方又问：“总理阁下，在美国，人们都是抬头走路，而你们中国人为什么都低头走路呢？”总理微笑着说：“这个问题很简单嘛，你们美国人走的是下坡路，当然要仰着头走，而我们中国人走的是上坡路，当然要低头走路。”

第四节　关系处理

在舆论监督大行其道、大显身手的网络时代，突发事件处置者不能再用传统的思维方式和管理手段来对待媒体，而是要充分认识媒体的地位和作用，摆正自身与媒体的关系，尊重新闻传播规律，坦诚对待媒体记者，争取赢得对方的理解和支持。

一、平等合作服务

在传统媒体时代，媒体把政府的声音单向传达给受众，通过把关阻止不利于社会稳定的信息传播。但时移势异，如今，凭借互联网“所有人对所有人的传播”优势，越来越多网民在网上发布信息、表达意见、开展监督，给媒体管理和公共治理带来巨大压力。传播学家普遍认为，政府与媒体既不是竞争对手，也不是天然盟友，而是合作伙伴。

在2010年初全国宣传部长会议上，时任中共中央政治局常委李长春提出“要适应时代发展要求，努力提高与媒体打交道的能力，切实做到善待媒体、善用媒体、善管媒体，充分发挥媒体引导舆论、凝聚力量、推动工作的积极作用”，引起了人们的广泛关注与强烈共鸣。那么，应如何善待、善用、善管媒体，使之正确有效引导舆论，推动事件妥善处置？

首先，要有平等意识。在一些地方政府官员的潜意识里，媒体的自主性被忽略。对于本地媒体的舆论监督，要么千方百计动用行政权力打压封杀，要么充耳不闻，不回应、不解释、没举措、没行动，一副“奈何不了我”的架势；有的甚至把记者当下属，随意使唤，动辄斥责，让记者心里很不舒服。事实上，封杀本地负面新闻未必如愿，很多时候是本省媒体不报外省媒体报，地方媒体不报中央媒体报。据《新闻记者》2005年第10期披露，2004年5月湖南郴州嘉禾违法拆迁事件发生后，当地媒体集体沉默，岂料中央电视台《时空连线》于5月13日予以曝光。于是，一个由嘉禾县委书记和该县城关镇主要负责人组成的“公关组”立即赶赴北京。尽管他们向上级表态“不摆平央视决不收兵”，但最终还是无功而返，央视等众多国内媒体持续报道这一震惊全国的拆迁事件，促使国务院常务会议做出“滥用职权，违法违规，损害群众利益，造成极坏影响”的定性，相关责任人受到严肃处理。此事说明，如果地方政府部门能有平等意识和有错则改的态度，真诚与媒体沟通，或许就能以“双赢”的方式顺利解决问题；即使媒体坚持“揭丑”，也会讲究分寸和时机，不至于令被监督对象过于难堪。

的确，处置重大公共事件时，如何协调与媒体的关系，对舆论监督采取何种态度，很大程度上左右了公众对事件乃至矛盾问题的认识，决定了事件是趋向妥善处置还是矛盾进一步激化。令人欣喜的是，现在越来越多开明的党政官员已经认识到，新闻舆论监督是党和人民赋予新闻媒体和新闻工作者的神圣职责，是解决问题、改进工作的重要手段和有效途径；自觉接受舆论监督，不但无损自身形象，反而更有利于提升公信力。2008年9月12日，昆明市举行“建立重大党务政务信息公开主动接受新闻舆论监督制度”座谈会，时任云南省委常委、昆明市委书记仇和说：“新闻媒体就是我们的‘保健医生’，媒体的舆论监督可以帮助我们发现问题、分析问题，促进我们解决问题。”此前他上任之初，主动请新闻单位提供关于昆明的新近报道，并特别提出“要负面报道，看看我们做得不好或者不足之处，为市委下一步工作改进提供依据”。2012年5月底，时任卫生部部长陈竺对媒体曝光“问题胶囊”表示感谢，称这些教训反映了公共卫生的极端重要性。这种善用舆论监督、认为“负面新闻”不等于“负面影响”的媒体观，受到网民喝彩。

其次，要有合作意识。在我国，媒体是党、政府和人民的喉舌。从根本上说，媒体报道的方向与党委政府努力的方向是一致的，都是为了改进党政工作、解决矛盾问题、维护公众利益。从这个角度看，政府与媒体合作有着与生俱来的重要基础。政府部门只要有了这个认识，如何与媒体打交道就简单多了：信息要不要向媒体公开，事情该不该接受媒体质疑，只要心里有公共利益这杆秤，就很好取舍，就不会有敌视和戒备心理。可见，只要目标一致、精诚合作，与媒体打交道并非难事。即便遇到政府部门不想公之于众的事情，甚至与媒体记者有所抵牾和分歧，也要心平气和地与对方充分沟通，努力使采访报道成为增进理解和信任的过程，取得真诚合作、互利共赢的理想效果。

再次，要有服务意识。记者的任务就是在最短的时间里，真实、准确、客观、公正地完成采访报道，让社会公众了解新闻事件真相。其实，真相从来都是遮掩不住的，尤其在微博、微信、智能手机时代，人人都是传播者，想再搞封锁消息、隐瞒真相、回避媒体、对抗舆论那一套，最终注定失败，付出高昂代价。因此，当记者采访负面事件时，政府部门不要躲避掩饰、干扰阻挠。可以说，任何一点对媒体的不尊重，都有可能把自己变成“大家的敌人”。因此，政府要做好媒体服务，树立“帮助记者就是帮助自己”的观念，为记者采访提供便利，引导记者进行客观真实报道，及时准确传播政府权威信息。

需要特别指出的是，警方常常把突发事件现场的记者当成执法的干扰因素，与记者发生冲突的现象屡见不鲜，但最终陷入舆论被动的往往是警方。如2013年7月17日晚，湖南经视两位记者到临武县采访瓜农邓加正与城管冲突暴毙街头事件，在事发现场被五六名警察用粗木棍殴打致伤，采访器材被砸，有警察叫嚣“要拍就让你们死在这里”。临武县警察的“威武勇猛”行为，招致舆论的猛烈抨击。《广州日报》对此评论称：警察可是“正规军”，为何也与多半是素质不高的“临时工”的城管一般见识，流氓习气十足？用喊打喊杀、拳头说话的“城管手段”处置突发事件，是严重缺乏政治智慧的脑残行为。这种执法犯法的劣行只能是引火烧身，触犯众怒，恶化事件性质，激化官民矛盾，令局面更加不可收拾。

其实，记者一般不会存心与警方“作对”，他们出于“抢”新闻的需要，有时会考虑不到自己的采访行为可能已经影响到警方办案，如拍摄时有可能影响现场某些人员的情绪，或干扰了警方行动。此时应判断记者的行为是否对警方处置事件产生明显干扰，若是，则应制止，但要说明理由，不能简单粗暴。当然，是否构成干扰，常常没有明确的标准和界限，要在记者法定采访权和警方不受干扰的执法权之间作出慎重权衡。若现场情况允许，可给记者提供最佳拍摄位置，助其圆满完成采访任务。

二、善待善用善管媒体

善待媒体、善用媒体、善管媒体已经成为处理“官”“媒”关系的三大基本原则。不论是日常宣传报道工作，还是突发事件新闻应对，政府都要善待、善用、善管媒体，对媒体坦诚相待，发展战略伙伴关系。为此，政府要注意做好以下六点：

第一，要建立媒体资料档案库。政府掌握媒体及其记者的足够信息，既有助于日常宣传报道的沟通交流，又有利于突发敏感舆情的有效应对。档案资料不仅要有媒体特征、新闻地位、栏目设置、发稿偏好、正负面报道比例、对政府部门的态度等内容，也要收集记者、编辑和负责人的联系方式、兴趣爱好、性格特点、写作风格等信息。新闻发言人或领导人对媒体资料熟记于心，关键时刻就能信手拈来，活跃气氛。美国前总统克林顿在白宫记者会上常常点记者的名，并回答对方问题，增进了友好关系；我国前总理朱镕基在记者会上，点名要凤凰卫视中文台记者吴小莉提问，增加了香港人对总理的好感。

第二，要与媒体保持良好的日常沟通。一是明确媒体服务的责任分工，安排专人负责受理境内外记者的日常问询，避免出现相互推诿、敷衍甚至无理拒绝媒体采访的现象。二是与媒体建立沟通交流机制，定期举办吹风会、座谈会、见面会、恳谈会、联谊会等，为各类媒体提供丰富多样、具有价值的新闻线索和报道策划。

南京在政府与媒体沟通互动方面积累了丰富经验。南京媒体资源丰富，拥有34家报纸、21个电视频道、23个广播频率、5个新闻网站，还有96家中央和外地新闻单位驻宁机构。为了与媒体保持日常沟通，南京坚持每季度召开一次新闻媒体联席会议，每个月与中央驻宁、省属媒体召开一次新闻通气会，通报最新情况，明确宣传重点，提醒注意事项，增进理解共识。

第三，要与媒体开展各种形式的合作。政府与媒体可以在很多方面开展合作。如，记者可以借调到政府部门工作一段时间，政府工作人员也可以去媒体挂职锻炼；政府可以与媒体合作拍摄公益纪录片，联手发起公益活动，或与媒体合作制作形象宣传片，推广本地对外形象，等等。

第四，要明确媒体管理的权限与职责。宣传部门要集中精力抓好媒体宏观管理特别是导向管理，指导媒体做好重大主题宣传和突发事件、热点敏感问题引导，配优配强媒体领导班子，确保党管媒体原则落到实处；要注重发挥新闻出版广电部门在新闻宣传管理上的重要作用，把新闻阅评、媒体记者违规处罚等职责适当交由其承担；要充分调动记者协会作为行业组织的积极性，把人才教育培训、虚假新闻认定、投诉举报、更正纠错、违规通报等职责适当交给记协，赋予其一定的管理权限。

毋庸讳言，对社会关注的热点敏感事件，一些地方政府仍然不善用传统媒体发声，直到网上舆论质疑纷起之时，才要求传统媒体介入引导，但为时已晚。如2009年5月7日杭州青年胡斌飙车撞死大学生谭卓案在当地“19楼”论坛曝光后，当地传统媒体未见报道，但国内其他网站论坛已大量转载。5月8日，警方宣布肇事车时速为“70公里/小时”，立即激起网民强烈质疑，“杭州富家子弟把马路当F1赛道，无辜路人被撞起5米高”之类的帖文在网上疯传，迅速形成对肇事者和杭州警方的网络审判。眼看情况不妙，当地政府寄望传统媒体有效疏导舆情。但压抑已久的欲望导致媒体报道“井喷”，并且出现不利于政府的过激言论，助推网络审判声浪不断攀高。直到杭州警方5月14日公布车速为84.1—101.2公里/小时、15日公开向社会道歉，网络质疑才渐趋平息。可见，在“人人能发声”“消息封锁难”的网络时代，第一时间让传统媒体报道突发事件更有利于引导舆情。

第五，要加强媒体社会责任建设。媒体舆论导向正确与否，很大程度上与媒体社会责任感强弱有关。要引导媒体摆正社会效果与经济利益的关系，始终把社会责任放在首位，增强自我管理、自我监督、自我纠错意识，不能忽视职业操守、不顾社会效果，不能唯“眼球”是从、唯金钱是听。可借鉴云南实施“负责任媒体”建设工程的做法：对全省媒体的责任编辑和一线记者进行集中轮训；建立新闻单位做“负责任媒体”的公开承诺和宣誓制度；在媒体内部实行“社会效果评估岗”制度，设立专门岗位对新闻报道可能产生的社会效果进行刊播前评估，预防报道产生不良社会影响；建立虚假新闻公示制度，根据其负面影响的轻重程度，分别由记协和管理部门发布公告，澄清事实，消除影响。

第六，要发挥公众监督作用。政府应督促各新闻媒体设立社会监督热线电话，安排专人受理投诉。记协可聘请“媒体义务监督员”。新闻阅评和监听监看等管理任务可适当委托“媒体义务监督员”协助完成，以减轻管理部门的工作压力。

三、不能无原则让步

凡事都应有度。面对媒体的监督报道，涉事者既要有开放包容的心态，把媒体报道看作善意的批评，视为改进工作的动力，做到有则改之、无则加勉，又要本着对事实真相负责的精神，本着对社会公众负责的态度，郑重澄清不实报道和错误言论，不能因害怕得罪媒体而一味无原则地礼让、迁就，助长其“无冕之王”“包打天下”的特权思想。这不仅需要党政部门率先垂范，也要靠企事业单位付诸行动。

农夫山泉“激战媒体”事件就是企业“叫板”媒体、博得广泛同情、重获市场信任的一个成功例子。从2013年4月10日起，《京华时报》发起了一场规模空前的舆论监督战役，在近一个月时间内动用60多个版面，几乎不间断地对农夫山泉的质量和标准进行批评报道，导致众多消费者对其品质“不放心”，引起社会强烈反响。面对严重舆情危机，农夫山泉高调回应、针锋相对，先是连发4处水源地检测报告，称其产品优于国标2-11倍，指责《京华时报》“不仅无知，而且强词夺理，使消费者迷失方向”；后于5月6日召开新闻发布会，董事长钟睒睒强硬回应媒体质疑，与《京华时报》记者激烈舌战，称其报道为“舆论暴力”“开辟了一家媒体批评一个企业的最多版面纪录”，并坚称农夫山泉是目前国内执行最高饮用水标准的企业之一。同时，他表示“为了尊严”，将关闭北京水厂。这种“破釜沉舟”式的冒险公关，赚足了公众眼球，也获得了令人意

● 网上出现的农夫山泉“质量门”事件漫画《打水仗》。

想不到的效果：舆论风向随之发生改变，公众关注点逐渐由产品质量转移到媒企关系，质疑媒体报道动机的声音频现网络，企业“一哥”愤怒而悲壮的言行博得了越来越多媒体和公众的理解与同情。5月9日，《人民日报》要闻版刊发《农夫山泉抽查合格率100%》的消息后，关于农夫山泉“质量门”“标准门”的质疑基本消除，网络舆论几乎倾向农夫山泉，相信其品质的网民已达87%。尽管农夫山泉最终退出北京桶装水市场，但在这场舆论博弈中赢得了“抽查合格率100%”的新闻效应，重新巩固了国内市场份额。姑且不论双方是非对错，但各自得失已然分明。

可见，尊重媒体，与媒体建立良好关系，并不等于一味讨好媒体，甚至无原则地妥协退让。当然，企业的口碑离不开媒体的宣传报道，因此一旦陷入舆论危机，首先要努力沟通协商，理性寻求解决之道，非到万不得已，决不与媒体高调论战。毕竟长期来看，与媒体交恶留下隔阂，不利于今后企业开展宣传推介工作。

就媒体而言，也要体现社会责任，正确履行舆论监督职责，做到守法、守正、守则。对选题确定应综合研判，对稿件采写须全员把关，对关键素材要反复核实，对报道与否、报道角度、报道时机、报道分寸等要慎重把握，使批评监督报道取得良好社会效果。总之，越是海量的信息场，越需要有手术刀一般的精准切入；越是笔下千军万马、口中波涛汹涌，越要努力“求实、求准、求精”，把握好“时、度、效”。

第七章

舆情引导指南

舆情引导是指运用解释、沟通、调控等传播手段，对社会舆论进行疏导、影响、引领的一种管理活动。其目的是使公众情绪态度理性平和、意见观点客观公正，起到统一思想行动、凝聚积极力量，树立正面形象、消除负面影响的重要作用。

当下中国，剧烈转型。财富的持续增长、社会的不断变动、文化的日益多元，激发出空前活跃的思想，也助长着网络争论乃至吵架之风。关注网络舆情的人不难发现，由于缺乏足够的社会共识，我国网民似乎对不同声音很难相互包容、求同存异，对任何话题总有观点对比鲜明、差异显著的两派相互攻讦，甚至诉诸人身攻击。《人民日报》2012年7月12日评论《多元时代更需凝聚共识》指出：“具体到围绕一个项目的争议，宏观到国家发展之路的走向，抽象到道德状况、社会心态、价值信仰……每个人都可以在自己的频道里收看，也都可以用自己的麦克风广播。思想观念的裂变塑造了一个时代生机蓬勃的心灵图景，也提示我们，多元时代更需要凝聚共识。”而舆情引导就是疏导公众情绪、凝聚社会共识、维护和谐稳定的必要手段。

众所周知，突发事件特别是复杂敏感的群体冲突事件，往往伴随不同群体之间激烈的观念交锋、价值角力、利益博弈，观点莫衷一是、看法不尽相同；尤其是公权力与公民、强势群体与弱势群体发生冲突时，有些人总是不问法律规定、不顾基本事实，就对公权力或强势一方批评指责、谩骂否定，如此不论是非、选边站队的思维定势，很可能沦为撕裂社会秩序的负能量。方此之时，只有按照习近平总书记的要求，把握好舆论引导的“时、度、效”，提高针对性实效性，增强吸引力感染力，才能帮助人们科学认识事物，理智支配行动，形成共同的社会认知、道德理念和行为规则，凝聚处置事件的社会共识和积极力量。因此，突发事件发生后，为了避免消极不良舆情扰乱人心、激化矛盾，政府有关部门应根据实际需要，在及时发布信息的同时，善于引导舆情，划清是非界限，澄清模糊认识，遏制谣言传播，促进事件处置。

第一节 引导主体

舆情引导主体主要有新闻发言人、政府负责人、媒体编辑记者、广播电视主持人、媒体特约评论员、网络论坛管理员、网络评论员、网络跟帖员以及意见领袖等。随着网络新媒体的快速发展，舆情引导的主阵地要由传统媒体及新闻网站向微博、微信、社区、论坛、贴吧等重点舆情传播平台延伸，实现引导效果最大化。这里重点介绍网络论坛管理员、网络评论员和网络跟帖员。

一、网络论坛管理员

网络论坛管理员的主要职责是参与论坛事务或信息监管，如组织互动交流，发布系统公告，审核论坛帖子，设置版主权限等。审帖时，要善于发掘优秀的跟帖，对有利于凝聚共识的要重点对待；对虚假违法信息和错误言论，应立即删除。为了弱化网络跟帖评论中的“群体极化”现象，要指导版主采取压缩跟帖量、登录注册等方式调控舆论。如，网易放弃了“无跟帖，不新闻”的浪漫口号，代之以“文明上网，登录发帖”；遇到敏感话题，天涯社区常把跟帖锁定在5页以内。

二、网络评论员

网络评论员的基本职责是主动掌握网上舆情动态，针对重大突发事件和热点敏感问题，尤其是对不良信息和恶意炒作进行评论引导，努力用正确的思想、真实的事例、客观的态度，准确解读国家方针政策，冷静阐释社会热点难点，理性看待突发敏感事件，达到解疑释惑、舒缓情绪、凝聚共识的目的。

与新闻报道讲究时效一样，网络评论也要及时适时。评论过晚不但无法产生“首声效应”，不能遏制舆情的负向发展，而且容易导致人们产生逆反心理。2008年4月，数十家海内外网站论坛的部分中国网民，为“捍卫中国尊严，支持北京奥运”，发起了一场抵制欧洲最大零售商法国家乐福的行动。对此，中央电视台等众多主流媒体发表了大量引导性评论，使人们认识到“理性爱国”的重要意义，有效缓解了过激情绪。

报刊评论员和电视评论员也是舆情引导的主力军。如湖南卫视的《胡湘平》专栏，以“站在高处，走在前面，大事清楚”为宗旨，通过新话题的新解读，表现出一语中的的洞察力、举重若轻的控制力和本土化的诉求指向，已经成为中国电视新闻评论的新模式；专栏以人名“胡湘平”命名，推出大量短小精悍、分析透彻、深具电视语言特征的评论，备受党政干部和社会公众喜爱，堪称多媒体传播生态下电视舆论引导的成功典范。

当前，各地各部门各行业要加强网络评论员队伍建设，形成梯度合理、专兼结合、全域覆盖的网上舆论引导力量。党政干部要率先垂范，主动用网，多练“几把刷子”，成为行家里手，旗帜鲜明地壮大网上主流声音。应动员组织社会各方力量特别是专业人士、各界名流及时有效引导网络热点，不断聚集网上正能量。

三、网络跟帖员

网络跟帖员主要针对突发事件的负面敏感信息，依托网站、论坛、贴吧等载体，借助网上对话、聊天等形式，第一时间跟帖引导，帮助政府在重大原则问题上澄清是非界限，助推形成客观理性的网络舆论环境。

需要提醒的是，在突发事件舆情引导过程中，未经授权，政府工作人员不得以任何名义在媒体上发布与事件处置目标相违背，与政府口径不一致的言论。

第二节　引导时机

机不可失，时不再来。舆情引导与新闻发布一样，都讲求时效和时机，一旦错过或把握不当，就会陷入舆论被动，即使付出加倍努力，也未必能重获主动。

一、时效性

多数情况下，舆情引导必须迅速及时。突发事件发生后，政府要第一时间发布首条信息，获悉多少就视情披露多少；网上议论初起之际，政府要第一时间跟帖评论，引导舆情。如果错过第一时间，谣言传闻和错误观点就可能盛行，引导就会事倍功半。

深圳“医保清零”误读事件之所以闹得沸沸扬扬，就在于政府有关部门没有及时解释澄清。2012年5月4日，深圳市政府法制办将《深圳市社会医疗保险办法（修订稿）》公开征求社会各界意见，其中“医保缴费中断超过3个月，连续缴费清零”的模糊规定，使公众误以为“参保年限清零”包含“个人账户清零”，立即在全国范围引发巨大争论。截至6月11日晚7时，网上仅微博相关讨论、转发就高达19.9万条。直到同日深圳市社保局回应称“参保人中断参保后个人账户不清零，可继续使用、可转移、可继承”，才终于打消深圳1000多万参保人群的疑虑，平息持续一个多月的舆情风波。6月13日，《人民日报》发表评论指出：一些媒体对深圳医保新政的所谓“误读”，很大程度上源于政府部门没有合理和及时发布信息；当各种误读初显苗头之时，没有进行有针对性的回应，放任舆论不断发酵，直至出现各种骇人听闻的说法之后，才亡羊补牢，却已经陷自身于被动。

二、时机性

有的突发事件，信息发布和舆情引导不能盲目求快，而是要选择合适的时机。如，绑架案在人质被安全解救或确定遇害之前，一般不宜公开报道；涉及国家安全和司法机密的特殊突发事件，须待时机成熟方可公开；对突发事件舆情处置可能有负面效应的相关信息，也要选择合适的公开时机。如果信息公开不合时宜，就会火上浇油，不但前功尽弃，还会酿成新的舆情危机。

马其顿校车援助事件之所以引起巨大的舆论狂潮，就是因为错误的时机成了负面舆情进一步发展的“帮凶”。2011年11月25日，中国外交部网站发布消息称：中国援助马其顿校车项目交接仪式在马其顿总理府举行。中国政府代表、驻马其顿大使崔志伟将援助校车交付马其顿副总理阿里菲。消息一经门户网站和微博转载，立即引起网民广泛关注和热议。网络舆论将此事与9天前发生的甘肃庆阳“11·16”校车事故作比照。在这次事故中，21条鲜活的生命因为校车违规改装、严重超载和司机处置不当而逝去。在国内校车安全状况令人揪心的敏感时刻，向国外捐赠优质校车犹如火上浇油，助燃负面舆情迅速上蹿。

相关网络调查显示，“反对”意见占压倒性优势，甚至有网民借古语“宁赠友邦，不予家奴”来讽今。如11月26日，有人在新浪微博上就“你对中国向马其顿援助校车怎么看？”这一问题发起投票。截至翌日15时，共有12622名网民参加投票，其中88%的网民选择“反对！中国孩子情何以堪”，8%的网民选择“淡定。就事论事，不必多作联想”，只有4%的网民选择“赞成！应该从外交意义加以肯定”。

多数持反对观点的网民质疑在此节骨眼上发布这条消息的目的何在，直言“无偿捐赠马其顿校车，请给一个对得起本国孩子的理由”。有网民向校车生产方宇通集团公司求证获知，本次援助马其顿校车是外交部捐赠，完全是政府行为。较为温和的观点认为，民众无法裁定政府外交行为对错得失，但政府在对外捐赠时应考虑时机和民众感受。

从舆论场域传播规律看，援助马其顿校车事件出现在甘肃庆阳校车事故舆情缓解初期，这时任何相关议题都会重新触发网民情绪宣泄，助长负面舆论叠加。因此，做事情、做决策也要为舆情引导创造有利时机。

舆情引导要尽量选择网民集中上网的时段。在及时、适时发出第一条信息或评论后，为了追求更佳传播效果，下一条信息或评论可在晚上20—22时之间发布，因为这段时间我国大陆约有两三亿人上网，是舆情引导的最佳时机；若在微博发声，可选择三个高峰流量时段，分别是上午9－11时、下午15－18时、晚上21－23时。午夜到凌晨也是微博引导的好时段，因为微博用户多住在城市，夜生活丰富，往往会于睡觉前习惯性地刷一阵微博，尤其在广东珠三角地区，博主们多属于典型的“夜战型”。

三、持续性

突发事件舆情引导是一个持续的动态过程，只要影响事件处置的负面舆情还存在，引导就要持续。因此，必须彻底改变“一篇通稿打天下”的陈旧观念和做法，切实引导好网上网下两个舆论场。当网上舆情或民间舆论出现针对突发事件具体细节或政府处置措施的质疑时，要及时通过网络媒体和传统媒体公布详情，澄清事实，平息质疑；当事件发展出现一些新情况，或政府处置取得新进展时，要连续发布新闻；当事件处置结束时，要尽快公布结果，尤其是对涉事者的责任追究要公开透明。

在新疆智障工事件处置中，舆情引导渗透在事件处置的全过程，贯穿于事件发生、公众质疑、掌握真相、采取措施、处置结束等每个环节。2010年12月10日，媒体爆料称新疆托克逊县库米什镇佳尔思建材化工厂雇用10余名黑奴工，其中有8名智障人。该报道转载量和评论数迅疾攀升，舆情矛头直指包工头和黑工厂。吐鲁番地委迅速行动，彻查事件。新疆自治区党委书记张春贤13日批示要求严厉打击：“即使‘上天入地’，也要把不法分子缉拿归案、依法严惩、公开处理，还人民群众一个公道。”官方的主动表态，迅速引导网民从质疑政府监管不力转向关注社会公平正义，“缉拿凶手、惩治相关责任人”的呼声随之成为舆情主流。

14日18时，警方将工厂老板李兴林及其儿子李成龙抓获，并成功解救12名智障人员。同日，涉嫌组织贩卖“智障包身工”的四川渠县人曾令全被渠县警方刑事拘留。15日，托克逊县政府在新闻发布会上宣布，对佳尔思建材厂非法用工案负有主要责任的5名党政干部进行党纪政纪处分。关键时刻政府采用的问责手段，既体现了依法行政的决心，也起到了缓和舆论的作用。

17日，自治区党委会议强调，各有关部门要深刻吸取教训，切实维护残疾人合法权益。此后，全国网民密切关注获救工人寻亲等后续进展，舆论态势由问责转为关爱。

在新疆“智障包身工”事件舆情危机关头，政府在第一时间和关键时刻掌握了话语权，利用主要领导表态、新闻发布会等形式，将纷乱的舆情“止之于始萌，绝之于未形”，之后又成功地将舆论关注点由问责官员转向社会关爱，堪称政府危机公关之典范。

第三节　引导态度

“态度决定一切”，这句流行语同样适用于突发事件舆情引导。作为事件处置的“第一印象”，态度好坏直接关系舆情走向。这就要求处事者对公众和媒体的理性建设性意见，应积极听取，有则改之，无则加勉；对尖锐的批评质疑乃至无理指责，既不能强硬打压，以权摆平，也不能针锋相对，打“口水仗”，否则会恶化舆情，扩大事态。经验表明，要化解舆情危机，坦诚的态度往往比引导技巧更为重要。坦诚包括诚意、诚恳、诚实三方面。

一、诚意

在突发事件处置中，有诚意的政府会及时向公众说明情况，必要时致以歉意，以赢得同情和谅解。

2007年6月22日山西黑砖窑事件发生不久，劳动保障部、公安部、全国总工会联合工作组在太原举行新闻通气会，时任山西省省长于幼军代表省政府向受到伤害的农民工兄弟及其家属道歉，并向全省人民检讨。此举让人们看到了山西省政府依法公正处理事件的诚意和决心。

如果突发事件造成人员伤亡，为了体现诚意，政府要通过媒体向遇难者表示悲痛和哀悼，对受伤者表达同情和关心；要通过媒体表明政府对群众生命财产损失的高度重视，承诺对受事件影响的群

● 2007年8月13日，劳动保障部、公安部、全国总工会联合工作组在太原召开新闻通气会宣布，山西黑砖窑事件的查处整改工作已取得阶段性成效，集中调查处理工作基本结束。

众给予相应的物质补助和精神补偿；要尽快追究有关人员的责任，及时公布处理结果。

在这方面，前总理温家宝堪称楷模。2010年8月7日22时，甘肃甘南藏族自治州舟曲县发生特大泥石流。8日下午，温总理亲临灾区视察灾情，指导救援工作。按行程，温总理翌日早上应乘坐直升机去天水机场，从那里返回北京。但一大早，他突然决定再次到灾情最严重的地方查看。在现场，他亲切询问抢险指挥部的人员："昨天我去的那个地方被埋的群众抢救出来没有？"指挥人员回答："您没走多久，被埋的群众就救出来了，一个母亲带着孩子。"温总理听罢，舒展紧锁的眉头，欣慰地笑了。

随后，温总理仔细查看一处被淤泥掩埋的废墟。他来到一个刚刚挖出的洞口前，焦急地问救援人员："下面有几个人？"当得知有两人被埋后，他连忙弯下腰大声喊道："老乡，要坚持，子弟兵在救你们！"此时，洞口下面的救援人员对地面喊话："给我一个千斤顶！"温总理接过一个千斤顶，弯腰递给洞中的救援人员，接着又喊道："老乡，你再坚持一下，马上就把你救上来！"总理的亲切鼓励感动了周围群众，一个小小的千斤顶承载的深情通过荧屏传到千家万户。

然而，有些地方官员在突发灾难面前显得冷冰冰，缺乏人情味，引起公众反感。2011年9月9日下午3时许，湖南省邵阳县塘田市镇一艘客船侧翻下沉，船上50人全部落水，其中38人获救，12人死亡。事发后，当地官员在媒体面前频频爆出雷人话语，让公众错愕不已。如："他们死得真伟大，轰动全世界，别人还没这样的机会。""此事不是政府的原因，是制度造成的，政府只是管理的责任。"这种漠视生命、百般推诿的态度激起了网民的愤怒声讨。在政府与遇难者家属签订善后赔偿协议后，有关官员表示家属对协议"非常满意""情绪非常稳定"。这种夸大其词、违背常理的说法，进一步加深了公众对政府处置不当的印象。

有的官员则对重大舆情事件轻描淡写，推卸责任。如2011年10月22日深圳联防队员杨喜利入室强奸事件发生后，联防队有关负责人居然如此回应记者："我们也说过很多次，但他不听，我们也拿他没办法。"这种匪夷所思的表态，只会损害我国执法队伍的形象，激起更大的民愤。

可见，政府处置舆情事件时，要体现诚意和担当，切忌推诿和官本位。只有尊重公众情感认知和知情需求，切实公布真相，切实回应质疑，切实处理问题，切实追究责任，才能取信于民，化危为机，重树形象。

二、诚恳

一个态度诚恳的政府面对媒体质疑和公众声讨时，最明智的做法就是放低姿态，以诚相待，勇于担责，正视问题，主动认错，闻过即改，尽快平息负面舆论。如果在问题和错误面前狡辩、遮掩，不但于事无补，反而会火上浇油，恶化自身形象，激起公众更大的反感和指责。

华南虎照造假事件的舆情应对就是一个反面教材。2007年10月12日，陕西省林业厅召开新闻发布会宣布：镇坪县城关镇文彩村农民周正龙拍到了失踪20多年的野生华南虎。该厅经过"鉴定"，认

● 2008年6月29日，陕西省政府举行新闻发布会，通报“华南虎照片事件”调查处理情况。

为照片真实，奖励周正龙2万元。此事立即引起众多传统媒体和网民的强烈关注和质疑，“华南虎照”真伪之争不绝于耳。10月20日前后，网媒及网民明显分成了“打虎派”和“挺虎派”两大阵营，在媒体与媒体、媒体与网民、网民与网民之间展开了激烈论战，引发大范围舆论震荡，很快演变成一起全球关注的网络群体事件。

陕西省林业厅有关负责人虽然事后发现照片有破绽，但缺乏诚恳态度，不愿正视和纠正，反而硬扛到底，每隔几天就炮制一些“挺虎”的“证据”和言论，试图以此压制“打虎派”的质疑，平息社会舆论。但事与愿违，每一次“挺虎”都进一步刺激了“打虎派”及社会公众的不满情绪。由于舆情应对失策，该厅主观向好的不懈努力，不仅没能正确引导舆论，有效化解危机，反而激起了更大幅度的舆情共振，招致网络和传统媒体更为猛烈的舆论轰炸，演化成2007年和2008年备受关注的公共事件，最后有关责任人被撤职或免职。

南京城管协管员脚踩小贩事件之所以闹得沸沸扬扬，同样因为城管方面回避问题、自我狡辩所致。2012年6月25日晚，江苏网民“舌甘”发表图文微博，曝光南京市建邺区兴隆街道城管协管员陈某在联合整治中脚踩一名摊贩的脖子，引发网络热议。翌日，街道有关负责人接受《扬子晚报》记者采访时称：“当老陈准备离开时，腿被绊了一下，身体失去平衡，潜意识就是往前迈一步，不小心踩到了躺在地上的人。”在当地龙虎网的报道中，这位负责人辩说：“我们队员就是失足踩到那个摊主，被路过的网友在那个角度拍到。”“失足”的说法一经媒体报道，立即在网上广受质疑，被讽刺为“从此，‘失足’有了新的定义”。有的网民气愤地表示：“你咋个不说，是小贩强行滚到他脚下，拿他的脚放在小贩自己身上的呢？”面对社会舆论的巨大压力，建邺区委宣传部于28日在官方微博上通报了调查处理结果：踩人的协管员陈某由于“采取了过激行为”，严重损害了城市管理人员的形象，对其予以开除处理；而称陈某“失足”踩人的街道城市发展科负责人，因发布错误信息，误导媒体，给予通报批评。至此，事件真相大白：陈某为防止小贩反抗，用脚踩住其脖子。舆情随之平息。

无独有偶。2013年5月31日延安城管“踩头”事件发生后，由于回应态度不诚恳而引发新的舆情危机。延安城管首先声称“踩头”者是“临时工”，继而炮制出受害人呼吁网民“不要听信谣言，客观公正地看待这个事件”的公开信，最后在受害人表示“信不是我写的，不代表我的意思”的情况下，又改口称公开信是受害人和城管大队双方协商达成共识，由他人代笔，受害人同意并上传网络的。延安城管万万没有想到，他们自作聪明、搪塞应付的危机公关，反而弄巧成拙，偷鸡不成，又一次将自身推进舆论漩涡。这种火中取栗的危机应对，不但不能改变其被污损的形象，反而会越描越黑，加深公众对城管“野蛮执法”的固有印象。

三、诚实

诚实是人的基本美德。作为突发事件处置者，代表的是党和政府形象，更应诚实守信。故此，诚实的政府不应说谎，不能发布虚假信息。从情理上看，公众可以原谅一个人有错，但不能容忍一个人撒谎。事实证明，在突发事件处置过程中，有的处事者深陷舆情危机而难以自拔，就是因为人们不满其诚信出了问题；哪怕是一条“善意的谎言”，也会对政府公信力造成致命打击，甚至会动摇支撑政府威信的群众基础。

如，2005年11月13日，吉林石化公司双苯厂一个车间发生爆炸，约100吨苯类物质流入松花江，造成江水严重污染，沿岸数百万居民生活受到影响。哈尔滨市政府担心披露事件真相会造成市民恐慌，便于11月21日发布公告称，因市政供水管网检修，全市停水4天。公告一出，谣言四起，人心惶惶，市民怀疑停水与地震有关，纷纷出门抢购食品和饮用水。22日，哈尔滨市政府连发两个公告，坦承上游化工厂爆炸导致松花江水污染，动员居民储水。23日，国家环保总局向媒体通报，受中国石油吉林石化公司双苯厂爆炸事故影响，松花江发生重大水污染事件。至此，真相大白，局势好转。

由于政府说谎而导致公共舆情危机的事例并不少见。2008年9月22日，四川旺苍县尚武镇果农在柑橘园发现害虫后，县农业局立即

● 2006年1月24日，国家环保总局局长周生贤（左）在国务院新闻办公室举行的新闻发布会上介绍松花江水污染生态环境影响评估阶段性成果的情况。

予以核实，确认这是一起普通的区域性柑橘大食蝇虫灾，并及时对病果进行了杀虫、填埋处理。但当地政府生怕影响柑橘销售，采取回避和否认的错误做法，声称虫害是谣传，拒绝当地媒体采访。几

天后，一条手机短信触发连锁反应，一夜之间酿成舆情危机。短信说："告诉家人、同事和朋友，别吃橘子，广元的橘子皮内发现蛆虫，四川埋了一大批，还撒了石灰。"由于短信没有提及疫情规模和处理情况等基本信息，引起广大消费者恐慌，造成全国性柑橘滞销，各地橘农深受其害。后来，尽管全国各地政府采取了许多柑橘促销措施，包括在同年11月2日农业部副部长陈晓华和四川省时任副省长张作哈在成都带头参加"万人免费品尝柑橘"促销活动，但橘农仍然蒙受了很大损失。

隐瞒真相的性质往往比事件本身更严重。2008年9月8日，山西襄汾县新塔矿业公司尾矿库发生溃坝事故，导致宽约600米、长约3000米的泥石流淹没下游一个农贸集市，冲垮两个村子部分房屋，造成277人死亡。事发后，当地政府的第一反应不是公开信息，而是与矿主一起编造谎言，宣称暴雨引发泥石流，造成1死1伤。这一说法对外公布后，幸存者和现场目击者立即提出了强烈质疑。后经国务院溃坝事故调查组和上级检察机关调查认定，县委书记亢海银、县长李学俊、副县长韩保全在明知事发当天当地没有降大雨暴雨的情况下，谎报事故原因、瞒报死亡人数，其行为违反了《刑法》，涉嫌滥用职权、玩忽职守犯罪。真相大白后，当地政府遭到暴风雨般的舆论问责和声讨。最终，这3名企图瞒天过海、逃避责任的县官与其他涉案人员一起被判刑。另有一大批官员被问责，如山西省省长孟学农引咎辞职，副省长张建民被免职。

● 漫画《打击网络谣言》。

制造"官谣"只会侵蚀政府公信力，长此以往便会陷入恶性循环。2013年8月29日，新华社"中国网事"记者梳理出一些官方"先否后肯"的"官谣"怪象（罗昌平实名举报刘铁男遭国家能源局斥"污蔑造谣"列为首条"官谣"），指出根源在于某些单位或个人急于撇清自身污点，而一旦被证伪，政府公信力便在“一否一肯”中被消解，留下的种种事例只能成为笑谈。该记者认为，只有对散布“官谣”者进行追责，才能真正从源头上遏制“官谣”频出势头，让爬坡的政府公信力更加给力。

综上所述，坦诚沟通是化解误会、还原真相、达成共识、促进合作的良方。面对舆情危机，政府部门首先要摆正心态，不要恐惧，更不要一味“围追堵截”“搪塞应付”，而应坦诚、主动与网民沟通互动，不藏不掖。既然舆情热点涉及公众利益和民生问题，就要以社会、公众的利益为重，不要腾挪躲闪、回避问题，幻想蒙混过关。掩盖、推诿只会招来更多的质疑与不满，而态度诚恳、诚实，诚意满满，则有利于缓和公众抵触情绪和舆论批评声音，最终闻过即改，解决问题，化危为机。

总而言之，舆情引导首先是一个态度问题，然后才是技巧问题；一个坦诚的姿态，一句真心的道歉，其效果远胜于长篇大论的自我辩解。一句话，态度比方法更重要。

第四节　引导方法

舆情引导要重“引”善“导”，引出议题，导向正轨，以理服人，达成共识，而不是只靠管控手段，一味封堵删除，或居高临下，把观点强加于人。

一、议题设置

议题是舆情引导的“遥控器”。在大众传播学研究中，议题设置就是舆论引导。最早研究议题设置理论的是美国政治学家科恩（Bernard Cohen），他通过对美国新闻界与政治议题之间关系的深入观察，于1963年出版了《新闻与外交政策》一书，提出一个业界广为人知的结论：“在多数时间里，新闻界在告诉人们‘怎么想’这方面大都不怎么成功，但在告诉人们‘想什么’那方面却异常有效。”也就是说，媒体报道什么，不报道什么，着重报道什么，简单报道什么，直接影响受众。这里所说的“告诉人们‘想什么’”，就是议题设置理论的最直接来源。1968年，美国传播学者马克斯韦尔·麦考姆斯（Maxwell Mccombs）发表研究报告《大众传播媒介的议程设置功能》，将媒介的这种传播方法命名为“议程设置”（也叫议题设置），并获得学界认可。“议程设置”遂成为传播学研究的一个经典性理论学说。

议题设置的中心思想是：公众通过媒介知晓事件或问题，依据媒介的提示和评论来调整自己对事件或问题的看法。或者说，媒介对某一事物的强调程度和认可度同公众对该事物的重视程度和赞同度构成正比关系。

从某种意义上说，舆论主导权的争夺，实质上就是议题设置能力的较量。因为议题是引领舆论的核心观点，选得准、讲得好，就能有效牵引舆情焦点和方向，将纷乱意见和情绪宣泄引向理性建设性轨道，最终达成社会共同认可的主流舆论。因此，如果仅仅满足于发布信息、回应质疑，被公众牵着鼻子走，就会陷入舆论被动；只有善于设置议题，亮出核心信息和主流观点，满足公众兴趣和媒体需求，才能最大限度获得公众和媒体的认同和支持。可以说，在网络舆论博弈中，谁主导议题，谁就能赢得舆论主动权；政府可以主导，企业可以主导，网民同样可以主导。

在突发事件舆情应对中，政府必须全面追踪、准确把握公众舆论的脉搏，参照民意（公众舆论）来设置议题，力求实现以下三者的巧妙结合：政府要突出的（政府议题）、媒体感兴趣的（媒体议题）和公众关心的（公众议题）。为此，政府要第一时间召开新闻发布会，第一时间组织媒体采访，掌握突发事件信息发布和舆论引导主动权，让政府议题悄然成为媒体议题，再让媒体在潜移默化中引导公众议题。特别是推出重大敏感处置措施前，一定要有“舆论前置”意识，以充分的解释说理赢得社会舆论支持。

2009年成都“6·5”公交车燃烧事故发生后，当地政府开展了一系列卓有成效的议题设置工作：一是在新闻发布内容设置上，成都市以“组织最好的医生、最好的设备、最好的药品，尽最大努力

● 2009年6月5日，成都公交车燃烧事故现场。

对伤员进行救治”为口径，表明政府对救治伤员的高度重视，第一时间给媒体和公众以信心。二是以医疗救治组的名义通报两名极危重伤员医治无效死亡的消息，邀请专家介绍伤员救治情况，组织媒体采访医护人员以及9名伤愈出院者，体现政府已尽了最大努力。三是及时组织市级媒体和新闻网站刊发《人民的生命高于一切——“6·5”公交车燃烧事故纪实》等通稿，有针对性地回应媒体和公众疑问。这一系列漂亮的“组合拳”，既满足了媒体和公众的信息需求，又主导了整个舆论进程，取得了良好社会效果。

在突发事件舆情应对中，政府可按以下方法设置议题：

一是快速发布信息，表明官方态度，回应公众疑问。

二是及时还原事实，说明大事，说细实事，说透难事，说清坏事，并尽快妥善处置事件，让舆论无可挑剔。

三是迅速问责处理，及时公布结果，体现政府依法依规处置事件的诚意和决心。

四是持续回应事件中暴露的各种问题，及时化解网民过激情绪和极端言论，为科学制定或调整处置决策提供舆论支撑。

五是视情冷处理。网上热点不断，一旦出现新热点，网民就会遗忘旧话题。进入舆论“遗忘期”后，不要主动设置新的议题，以免旧事重提再成热点。如2011年6月中旬，有网帖曝光广州某区一街道办主任刘某在网上与情妇“裸聊”，其中一张照片还露出了生殖器，引起众多微博、网站疯传和热议。区纪检监察部门对外表示“已对当事人进行了谈话提醒”“如发现其有违纪行为将坚决予以查处”后，并未作过多表态和评论。因刘某曾长期在区纪委任职，本地媒体记者都期待并要求区纪委就“为何重用包养情妇的干部”作出解释。就在区纪委难堪、犯愁之际，6月21日，江苏溧阳市卫生局局长谢志强被爆与情人通过微博调情并相约开房，一时间被网络炒得沸沸扬扬，关注刘某“裸聊内幕”的媒体和网民纷纷转而“欣赏”这位局长大人肉麻至极的“开房记录”。眼见公众注意力集中于“微博开房”事件，广州某区纪委低调发布“裸聊”主角刘某被免职的消息，羊城大小媒体也心领神会、淡化处理，只在次要版面或时段简单报道，从而将一场潜在的舆情危机扼杀在萌芽状态。该纪委的“冷处理”之所以能成功，有赖于网上热点接二连三，快速漂移。有网民这样回溯曾经的舆情：“因为达芬奇，郭美美只火了两个星期；因为赖昌星，达芬奇只火了一个星期；因为动车，赖昌星只火了半天。”“洞中方一日，世上已千年”，已非奇谈怪论。

六是转移议题。在舆情引导中，政府可以主动设置一个对自己更有利、对媒体也有吸引力的新议题，从而迅速形成媒体聚焦的新热点。如，2009年3月昆明发生轰动一时的小学生卖淫案，当地顺势推出网络发言人制度，牵引媒体和社会各界转而关注这一新举措，百度相关搜索量达730多万条；2009年11月21日昆明螺蛳湾批发市场群体打砸堵路事件发生后，当地立即开通全国第一个政府微博，第一时间将真实、客观、准确的信息告诉公众，众多媒体对此尝试争相报道、积极评价，从而使“坏事变成了好事”。

二、评论引导

刊播评论是舆情引导的核心环节。按照主体的不同，评论分为官方评论、新闻媒体评论、网上意见领袖评论和网上跟帖评论。

第一，官方评论。它是指处置突发事件的政府负责人或新闻发言人，在发布信息、澄清事实的基础上，对事件的发生、处置、影响等方面发表的评价或意见，代表了政府及社会责任主体的立场和态度。这是作为社会管理者的政府或相关组织机构直接发出的评论，具有天然的权威性。官方评论可以在第一时间发布信息时一并表达，通过事实呈现和意见引导的有机结合，形成强势的正面传播效应。但官方评论面临被质疑、批评乃至炮轰的风险，因此一定要客观、公正、务实，将以理服人、以情感人和以行树人有机结合起来，充分发挥其应有的公信力和影响力。

第二，新闻媒体评论。它以传统媒体为主，但其网络转载率非常高。无论是新闻媒体自身发出的评论，如社论、时评、编前或编后语等，还是刊播特约评论员或其他人的评论文章，或电视主持人所作的点评，都体现了媒体的立场、观点和主张，可用于舆论引导、意见向导和情绪疏导。在突发事件报道中，媒体评论往往伴随新闻事实一并推出，帮助人们客观、公正地认清事件真相和本质，降低事件对社会公众心理的伤害程度，促进事件妥善处置。

第三，网上意见领袖评论。它的作用是双向的，如果导向正确，则有利于化解矛盾，平息危机；如果导向错误，则会扩大矛盾，加剧危机。在突发事件舆情引导中，意见领袖的正确评论可以使网络舆论朝着理性建设性的方向发展，进而释放舆论压力，化解负面舆情。因此，要高度重视对网上意见领袖的爱护和培养工作，将其作为开展舆情引导的一支重要力量，纳入网络软力量的建设和管理中来，使之在充分发挥民意表达、批评监督作用的同时，成为正确网络舆论的引导者与和谐传播生态的建设者。当然，意见领袖在网上评论事件、转发信息时也应小心谨慎，多一份责任意识，多考虑一下后果，不应随意转发、妄加臆断和置评，以免造成话语权滥用，影响事件处置和社会稳定。

第四，网上跟帖评论。它包括新闻跟帖、论坛跟帖、博客留言、QQ群发言和微博、微信评论。突发事件发生后，政府处事部门或网络发言人要视情适时组织网络评论员发帖跟帖，积极回应网民诉求和质疑，努力消除情绪对立和舆情隐患。

三、第三方发声

这些年，每当出现争议性公共事项，人们都会呼吁独立、权威的第三方出场；每当各持己见，难成共识，人们都会寄望于第三方的公正意见。试想：如果有关各方不能相互取信，除了第三方，还能把凝聚共识的希望寄托于谁呢？因此，在突发事件处置过程中，特别是出现信任危机时，如果当事方自我辩解，不但没有说服力，还会产生反作用；如果由超脱的第三方发言，则有利于释疑增信，获得公众认可，化解舆情危机。

最有效的第三方往往属于民间所称的“意见领袖”。这是一群在人际传播中经常为他人提供信息和言论，具有较大话语权和感召力，能够影响他人态度的“活跃分子”。由他们证理立言，能独撑一面，迅速对舆论走向产生重要影响。

从危机公关的效果来看，公信力和影响力较大的第三方，主要有四种类型：一是政坛明星、演艺明星、体育明星等社会名流；二是专家、学者、作家、律师、教师、记者、编辑等知识分子；三是资深网民、民间观察家等网络活跃人士；四是监管部门、行业协会、专业团体等权威机构。

突发事件发生后，政府可以组织熟悉相关情况、掌握政策法律的权威专业人士针对公众关心的问题，通过参与处置、嘉宾访谈或直接发帖等形式，澄清事实，讲清道理，驳斥谬论，让那些常在自己不熟悉的领域越界发言、信口开河、沽名钓誉的另类专家没有市场；借助社会名流、资深网民、民间观察家的力量，为网民提供科学理性的观点，强化主流声音，孤立不当言论，让积极正面、客观理性的舆论成为主导。

在贵州瓮安事件处置中，第三方发声功不可没——

2008年6月21日20时左右，瓮安县三中初二女生李树芬邀请几个朋友外出游玩时，突然投河自杀身亡。瓮安县公安局先后进行两次尸检，结果都认定李树芬系溺水身亡，但未能得到其亲属认可。此时，社会上流传不少关于李树芬死因的传闻和谣言，如“被县委书记的侄子奸杀抛尸”“办案人员被收买”等传言甚嚣尘上。由于官

● 2008年7月9日，贵州省公安厅主任法医师屈剑平（左一）代表省法医专家组向李树芬家属告知第三次解剖检验结论。

方没有及时澄清质疑，以致谣言愈传愈烈，最终被人利用，激起民愤，酿成震惊全国的打砸抢烧县委县政府、县公安局大楼事件。

为了澄清各种谣言，由贵州省著名法医组成的专家组，于7月2日对李树芬进行第三次尸检。专家组成员有贵阳医学院法医教研室主任、法医鉴定中心主任王杰，贵州省人民检察院高级工程师叶忠源、副主任医师杨永刚，贵州省公安厅主任法医师、溺水研究专家屈剑平。9日上午11时许，专家组负责人屈剑平到达李树芬家乡所在的乡政府，向其父李秀华等家属正式告知尸检鉴定结论，再次确认李树芬系溺水死亡。这个由省内著名权威专家作出的尸检结论，完全符合第三方发声原则，对于澄清事实真相、化解公众疑惑起了关键作用。

在2011年浙江温州“7·23”动车追尾事故舆情处置中，第三方引导发挥了积极作用。如针对“事故系列车司机疲劳驾驶所致”的网上质疑，“微博女王”姚晨以一名老火车司机的女儿身份，连发两条微博：“火车司机潘一恒，是发现情况第一人，如想逃，只要往后车厢跑，或可拣回一命。”“正是他在那一刻，坚守岗位并拉下紧急制动，才为后面的乘客换回了一线生机。”上述简短有力的回应，吸引众多“粉丝”关注与转发，有效引导了网上舆论。

2013年7月17日在微博上引爆的福建泉州儿童医院女婴疑被恒温箱烤死事件，也是在权威第三方的专业提醒中平息争论。由于婴儿死在恒温箱里，故此事一经传出，网民即将注意力聚焦在“医院不尽责，孩子被烤死”这样的逻辑议题上，谴责医院过错、痛斥医疗黑幕的声音充斥网络，令涉事医院陷入百口莫辩、被动挨打的尴尬困境。就在舆论狂热之际，有专业医生在网上提醒：婴儿死因可能是一种叫做“葡萄球菌烫伤样皮肤综合征”的病。一下子，沸腾的舆情迅速降温，网民静候鉴定结果。7月19日，新华社报道称，专家组已基本达成一致意见，鉴定婴儿死因为感染。至此，网上怒火基本熄灭，争论渐趋平息。

实践证明，第三方威信越高，公信力越高；第三方解释越专业，公众情绪越稳定；第三方声势越大，社会影响越大。因此，在出台新政策或处理敏感问题时，地方政府应积极与公众人物特别是德高望重的名人互动沟通，交换意见，获得理解，借助“名人意见场”的强大磁力引导舆情。这不仅考验政治智慧，更考验媒介素养。

值得注意的是，如果第三方公信力受到质疑，其引导效果就会丧失殆尽，甚至适得其反，酿成更大的舆情危机。如2009年9月广州番禺垃圾焚烧发电厂选址风波发生后，番禺区政府请来4位专家从“解决垃圾围城问题刻不容缓”“用焚烧发电处理垃圾是先进技术”“垃圾焚烧发电后的排出物无害无污染”等方面阐述该项目既必要又安全，试图打消周边业主的疑虑，赢得理解和支持。但业主们在网上“人肉搜索”后发帖称，这些专家“角色暧昧”，要么是垃圾焚烧企业的代表，要么和该项目有直接关系，都属于该领域的利益相关方，是政府请来的“托儿”“说客”“枪手”，根本没有公信力可言。结果，请专家解疑释惑不但不灵，反而引发业主们更大的抗议行动。

又如，曾任美国副总统的环境科学家阿尔·戈尔，在2000年总统大选中以267对271的微弱票数输给小布什后，投身到环保事业中，拍摄了讲述全球气候变化与人类活动关系的纪录片《难以忽视的真相》，获得了2007年诺贝尔和平奖，但很快就有美国网民挺身揭发，称“戈尔一家每月要用两万多度电，还夸夸其谈说环保真是可笑”。

当然，党政干部也要提高发声本领，善于与网民互动交流，特别要提高政务微博的亲和力影响力，改变政府工作在微博舆论场经常处于被围观和批评的尴尬局面，打赢微博时代政府公信力的保卫战。

四、互动沟通

正确有效的舆情引导，离不开政府与网民之间坦诚、平等、充分沟通。政府只有通过平等对话、诚恳交流，才能知民所需、因势利导，以安民心、以平民怨。

在全媒体时代，政府与民众互动沟通的方式多种多样，诸如微博关注、论坛互动、在线访谈、热线电话、电视直播、读者来电等。通过互动沟通，可以满足公众的知情权、参与权、表达权和监督权，及时了解民意、吸纳民意、疏导民意和顺应民意。

广州番禺垃圾焚烧发电厂选址风波的最终平息，再次证明了互动沟通的重要性。2009年9月底，番禺区丽江花园等楼盘的数十万业主得知附近将兴建垃圾焚烧发电厂，纷纷表示反对并组织集体上访，一时成为国内外媒体关注焦点。面对业主网上网下的集体行动，当地政府设立网络发言人，积极回应网民关切；主要官员与居民代表座谈交流，共同商讨解决办法；政府网站设置议题，刊发评论文章，在解疑释惑的同时，将“选址之争”等舆情焦点引向如何解决“垃圾围城”、如何实施“垃圾分类”等建设性话题上。通过一系列良性互动，官民双方态度明显好转，政府表示该项目暂停建设，重新进行环评和选址，使得问题终获解决，舆情应声平息。此事说明，要化解舆情危机，必须认真倾听民众的利益诉求，及时与民众互动沟通，以虚心、坦诚、负责的态度和行动赢得群众信任。

五、政府抚慰

突发灾难事件发生后，政府不仅要与涉事民众互动沟通，而且要及时抚慰事件受害方，尽量满足他们的合理诉求。政府抚慰的内容包括：及时组织救援，全力抢救伤员，支付医疗费用；慰问遇难者家属，发放抚恤金和赔偿款；弥补公众财产损失；尽快调查公布事件真相，处理相关责任人；举一反三，引以为戒，从制度和法律建设等角度预防类似事件的重演。

政府抚慰能够及时平息事态，化解舆情风波。例如——

2011年11月16日9时，甘肃省正宁县榆林子镇小博士民办幼儿园校车搭载幼儿及教师64人，在路上与货车迎面相撞，造成21人死亡，其中19人为幼儿，2人分别为司机和教师。

事故发生后，当地政府及时开展抚慰工作：

一是第一时间组织救援，全力以赴救治伤员。

二是根据相关赔偿标准，政府部门对每名遇难人员赔偿人身保险、优抚救助金共计43.6万元。

三是及时查明、公布事故原因：校车严重违规超载，左道超速逆行；幼儿园私自改装车辆，逃避监管；因大雾天气影响，货车和校车司机遇到紧急情况处置不力；幼儿园董事长安全责任意识不强，教育、交警部门监管不力。

四是对小博士幼儿园董事长和肇事货车司机依法刑事拘留；对正宁县委常委、常务副县长刘光润，副县长戴彩燕，县教育局局长雷会宁和交警大队队长苟邵波进行停职调查。

● 2011年11月16日，甘肃省正宁县一幼儿园校车被撞。

五是甘肃省有关部门吸取教训，举一反三，迅速采取措施加强校车、司机管理和校园环境整治，努力杜绝此类事故再次发生。

随后，全国各地迅速开展校车安全检查整治行动，时任总理温家宝责成有关部门一个月内制定出校车安全管理条例。

六、负面补救

媒体在突发事件报道中，可能会出现一些涉及政府的负面新闻。对此，政府要做到“三要”“三不要”。

“三要”是：

一要主动回应媒体。负面报道出现后，政府相关部门不能回避，要迅速表态、核查。如反映问题属实，就应诚恳接受批评，及时给予解决，平息负面舆情。

二要冷静理性处理。面对负面报道，尽量不要责怪媒体，以免引发进一步炒作。当然，如果报道片面失实，造成较大不良影响，政府部门也不能沉默以对，而要及时与记者沟通，提出更正要求，刊发后续报道，消除不良影响；若媒体坚持己见，可商请上级主管部门协调媒体予以配合，而不是轻易打新闻官司，进一步激化矛盾。

三要择机正面宣传。平息负面舆情后，要选择合适时机引导媒体推出正面报道，为事件处置创造良好舆论空间。

“三不要”是：

一不要挑起骂战。媒体不是“上帝”，不可能百分之百正确。面对负面报道，一味地愤怒和责备，无济于事。扯破嗓子与记者大吵大闹只会进一步激化矛盾，而不会改变政府形象。只有心平气和，摆事实讲道理，才有利于矛盾化解。

二不要强硬表态。公众在不明就里的情况下，一般还是倾向于相信媒体。看似义正词严的强硬表态，并不会让公众因此相信政府是无辜的，相反只会觉得政府不负责任，甚至认为政府狂妄、傲慢，引发更多网民反感。因此，即使媒体报道存在不当之处，也要就事论事，不能上纲上线，随意指责媒体。

三不要对抗媒体。打击媒体、报复记者只会引起媒体更大的反击，激起公众对媒体更多的同情与声援。媒体不是敌人，如果坚持与媒体为敌，公开对抗，甚至对簿公堂，最后不论谁输谁赢，当事者多半会形象扫地，威信全无，实在是得不偿失。2008年1月4日，辽宁西丰县委书记张志国因该县一拆迁案遭北京《法人》杂志曝光，文中涉及其负面新闻，便派警察进京要求拘传记者朱文娜，在社会上引发强烈质疑，演变成一起全国舆论共同声讨的公共危机事件。张志国难以招架，狼狈不堪，被迫引咎辞职。

当然，舆情引导要以事件处置为基础。因为实情决定舆情，网下决定网上。若事件处置不当，再高明的舆情引导也难以取得良好效果。尤其是对群体事件的处置，如果乱扣帽子、加剧冲突，就会助推舆情升级；假若丧失原则、一味妥协，也未必能平息舆情，且会留下后遗症。

第八章 舆情处置机制

舆情处置机制是指舆情应对各个环节所需的工作保障机制，目的是确保应对工作有序化、规范化，减少随意性、盲目性，增强科学决策、高效处置的胜算。实践证明，突发事件发生后，政府舆情应对的效能来源于科学完备的工作机制和保障机制，舆情越是复杂敏感、紧急重大，越要以健全的法律、严密的程序、过硬的人才、充足的经费，保障舆情应对各项工作有序高效开展。

第一节　工作机制

一、媒体应急机制

未动先谋，有备无患。当前，各地各部门各单位高度重视突发事件应急预案编制工作。作为其中重要一环，制定媒体应急预案，做好舆论应对准备，有利于超前反馈、及时反应、防患于未然，增强信息发布主动性，打好舆论引导主动仗，掌握处置工作主动权。

突发事件发生后，能否按照事先制定的媒体应急预案，及时披露信息、引导报道走向，往往决定舆论博弈的成败。若引导得法，就不会出现媒体事件和公众恐慌，社会就能保持稳定；若引导不力，即使事件本身处置得好，也可能得不到公众的认可或信任，甚至会引发舆论质疑，影响党委政府形象。再说，由于事发突然，急需面对媒体，没有多少时间可以让你临时形成一个应对方案，甚至已不容片刻拖延，根本就来不及考虑方案了。若事先没有预案，临时抱佛脚，极易惊慌失措，应对错误，导致“一失足成千古恨”。2013年6月23日，国内一家银行因IT系统升级，导致部分网点业务办理缓慢，有的客户因受“钱荒”传闻影响出现恐慌情绪。如果该银行在IT系统升级之前能够考量市场环境，做好应急预案，提前告知客户，让“大道消息”率先落地，“小道消息”就可能失去生存空间，就不会给客户带来困扰。

因此，在突发事件舆情应对中，各级政府及职能部门不能总是做“救火队”，而应未雨绸缪，依据有关法律规章，结合本地区本部门本单位实际，对不同类型、性质、规模和危害的事件，制定不同的媒体应急预案。一旦发生突发事件，便立即启动预案，赢得黄金时间，从容应对媒体，有效引导舆情。

二、网络监管机制

我国6亿多网民构成的网络空间中，既有直抒胸臆的观点表达和客观真实的情况反映，也有大量宣泄情绪的极端言论和无中生有的谣言臆想，使网络舆情变得复杂、敏感和难控，成为我国当下面临的一个“最大变量”。如果管理跟不上，匿名发帖的互联网就很容易成为群体聚集、上访的发动机，影响公共治理和社会秩序。2013年6月，广东省监察厅公开表示要按照属地管理、分级负责的原则应对涉腐涉纪突发舆情，对网络煽动性、虚假性、操控性信息，依法采取果断措施予以处置。同年8月，北京警方打掉一个在网上蓄意造谣、传谣、扰乱网络秩序、制造社会恐慌和矛盾、非法获取经济利益的网络推手公司，网络红人“秦火火”“立二拆四”等人因涉嫌犯罪被依法刑拘。随后不久，造谣“广东汕头水灾中武警救人收钱”的两名网民被行政拘留。这是对网络谣言炮制者、极端行为挑唆者的有力回击。

西方国家同样对网络言论进行监管。如2012年1月30日英国《每日邮报》报道称，两名英国青年因赴美旅游前在推特网上发表“要摧毁美国”“把玛丽莲·梦露挖出来”等言论，在抵美时被美国警方逮捕并进行了长达5小时的问讯，第二天便被遣返回国。

据2012年5月10日《羊城晚报》报道，美国提出了“网络空间可信任身份生态系统”的战略构想，通过建立“身份生态系统”，实施“网络实名制”；英国卡梅伦政府已批准向议会提交互联网监管法规草案，允许情报部门了解手机短信和电子邮件内容；澳大利亚政府拟开发互联网过滤器，屏蔽政府认为有争议或有损国家安全的网页。

一贯标榜和鼓吹“网络自由”的西方国家，缘何转向高度重视“网络监控”？

首先，西方国家认识到信息传播的即时性、便利性、多向性使网络成为社会动荡的重要推手。2011年8月6日始于伦敦的英国一系列社会骚乱事件中，黑莓手机及推特、脸谱等社交网站成为组织串联的利器；2011年9月17日美国占领华尔街运动爆发后，组织者通过推特网站建立联系、发号施令，使之迅速演变成席卷全美的群众性社会运动，迫使奥巴马总统公开表示站在示威者一边，努力实现一个更加平等的社会；2012年2月起因欧元区经济衰退、就业困难，西班牙、希腊、法国等国民众通过网络发起的示威游行规模之大、影响之广，令政府始料不及。西方国家认识到网络自由是把“双刃剑”，其强大的组织动员功能对社会稳定构成极大威胁。

其次，网络技术的发展给西方国家的社会管理能力带来严峻挑战。它门槛低、分布广、更新快，迅速改变了人们的行为模式和思维方式，也造就了大量灰色地带，刺激了犯罪活动。据报道，由于罪犯采取更高级的技术，2009年美国网络诈骗造成的损失比2008年增长1倍。许多西方国家对于谷歌、脸谱等公司涉嫌侵犯公民隐私权感到担忧，并对其业务进行部分限制。

再次，网络文化所推动的社会思潮和运动对西方国家的传统政治格局造成了严重冲击。如近年来发源于瑞典的“海盗党”运动不断壮大，其核心诉求是废除知识产权制度，实现网络资源的自由共享。德国“海盗党”在地方选举中不断获胜，影响力已超过绿党，正日益侵蚀传统政党的社会基础。“海盗党”的主张给西方国家的经济制度带来挑战，有可能严重影响其创新力和竞争力，迫使政府不得不作出回应。

特别是2011年1月突尼斯本·阿里政权被青年人通过脸谱网站

发动示威抗议活动推翻以来，在阿拉伯联盟22个成员中，已有19个国家发生了较大规模的“网络信息革命”，让西方国家进一步认清了“信息自由流动”的严重危害性，认识到加强网络监管的极端重要性和现实紧迫性。正因如此，美国奥巴马政府才一再重申网络安全已上升为国家安全的核心问题，“美国21世纪的经济繁荣将取决于网络空间的安全”。于是，美国与英国等盟友一起铺设全球监控网，连用户的私人聊天空间和电子邮件都不放过，结果于2013年6月被中央情报局前雇员爱德华·斯诺登引爆出震惊世界的“棱镜”秘密监视项目，包括德国总理默克尔在内的多国元首均在监视之列。

总之，随着网络行为对国内问题影响加大，西方国家对待网络的态度不得不从以往放任为主转向寻求自由与管控的平衡，从对外施力为主变为兼顾内部治理。

从国外做法看，加强互联网监管，必须依靠政府、业界、公众三方共同努力，形成政府监管、行业自律与公众监督相结合的管理格局。就我国而言，要有效应对和驾驭网上复杂舆论，必须构建党委统一领导、宣传部门牵头抓总、互联网信息办公室具体负责、相关单位共同参与的有力有序有效的领导体制和监管机制，强化网上舆论工作的统筹能力、管理能力和引导能力。各级党委及宣传部门要成为网上舆论工作的指导中枢，把握根本方向，举旗抓纲，驾驭全局；网信部门、通信部门、公安部门要分别履行好网上信息内容管理、互联网行业管理、打击网络违法犯罪的职责，落实好分级管理、属地管理责任。同时，要进一步发挥互联网行业组织的作用，推动业界加强自律，督促网络运营服务企业履行法律义务和社会责任，不为有害信息提供传播渠道。只有这样齐抓共管，形成合力，互联网这个“最大变量”才能够成为可知、可控、可协商、可融合的“常量”，成为治国辅政、凝聚共识的助手。

因此，在突发事件发生、发展、处置过程中，政府应加强网络信息管理，重申网络经营者的职责，按照“谁经营谁负责，谁主管谁负责”的原则，运用各种技术手段和法律保障，规范传播秩序，净化网络空间，防止因虚假信息、谣言猜测、恶意炒作误导舆论，干扰事件处置工作。

当前需要充分发挥网站和网民的“自我净化”能力。如2012年5月，新浪微博推出了《微博社区公约》《微博社区管理规定》《微博社区委员会制度》等一批新规，明确了微博用户权利、行为规范及社区管理机制，并在对一些有争议的微博内容处理上，引入了类似“陪审团”制度的“微博社区委员会”，通过公开投票来决定“争议微博”的去留。2013年8月10日，在国家互联网信息办公室举办的“网络名人社会责任论坛”上，一批网络名人和互联网从业者达成共识，提出要坚守“七条底线”，即法律法规底线、社会主义制度底线、国家利益底线、公民合法权益底线、社会公共秩序底线、道德风尚底线、信息真实性底线，为网络发言制定了合理规则，受到社会各界广泛认同。

三、新闻发布机制

新闻发言人不是自然人，而是机构与组织的代表，其工作需要相应的制度和机制保障。因此，新闻发布不仅仅是新闻发言人的职责，而是一项系统工程，需要有关部门密切配合，离不开党政一把手过问支持。但在实际工作中，有的地方主官，视宣传部门如“灭火队”，决策前不通气、决策中不让其知情，一遇突发事件，却把舆情处置担子全部压给宣传部门，搞些不明所以的“授权发布”，弄得新闻发言人左支右绌、捉襟见肘，效果大打折扣；有的领导干部，把新闻发布当作纯粹的政绩推介和形象宣传，喜欢别人给自己抬轿子，这种违背传播规律、不顾受众感受的做法换来的，只能是“皇帝的新衣”。

根据实际需要，一名新闻发言人应配备若干名新闻助理，组成发言人团队，以团队形式和相应机制运作，确保发言人在突发事件发生后早发声、多发声、巧发声，成为新闻舆论的塑造者、引领者。目前，中央及各地各部门各单位有关新闻发言人制度的实施办法中，都对新闻发布机制作出了明确规定。一般来说，发言人工作需要以下四个机制作支撑：

一是团队服务机制。确定联络媒体记者、收集分析舆情、撰写发布材料、拟定答问口径、策划组织活动以及与相关部门沟通协调等工作的责任人。

二是舆情收集研判机制。建立舆情信息监测平台，及时全面收集研判媒体、公众对本地本部门本单位工作的关注重点及意见建议，适时通过最佳的新闻发布方式，把群众关心的党务政务信息发布出去，提高新闻发布的针对性。

三是重大事件快速反应机制。对涉及本地本部门本单位党务政务工作的重大事件和热点敏感问题，要快速核实情况，制定口径，准确发布，提高新闻发布的时效性。

四是重要信息汇集机制。保障党委政府新闻发言人对内部信息的知情权，让其参加重要会议、阅读重要文件，及时掌握突发事件的重要信息，提高新闻发布的权威性。

四、媒体服务机制

服务媒体是善待媒体的题中之义。党委政府要增强媒体服务意识，寓管理于服务之中。

一是做好信息服务。建立新闻宣传要情通报、重要报道线索提示、媒体负责人例会、重大主题报道全媒体策划等一系列工作机制，为各级各类媒体主动提供更便捷、更丰富、更专业的服务。

二是做好协调服务。在媒体和采访对象之间发挥好桥梁纽带和沟通协调的作用。可开通专人负责的服务热线，帮助媒体记者联系采访对象，切实解决好舆论监督采访难、取材难等问题。

三是做好后勤服务。可建立“一对一”媒体对口联系服务制度，有关部门工作人员每人负责对口联系若干媒体，经常了解媒体需求，积极帮助媒体解决采访报道碰到的困难。

四是做好培训服务。建立培训教育制度，定期举办马克思主义新闻观、现行政策法规、经济社会形势、新闻采编业务等专题培训班，邀请党政官员、专家学者和实际工作者为编辑记者授课。

但在突发事件舆情应对中，有的地方政府并不重视媒体服务。如2011年5月26日9时18—45分，江西抚州市检察院等三处政府办公场所先后发生爆炸，造成3人死亡、5人受伤。犯罪嫌疑人钱明奇在爆炸中

● 2011年5月26日，江西抚州市发生爆炸。图为抚州市临川区政府外爆炸现场。

当场死亡。据报道，钱明奇因房屋拆迁补偿纠纷上访已达10年之久，但当地政府有关部门对其合理诉求长期推诿扯皮，不予解决，终致其留下“逼迫我向董存瑞学习”的遗言，制造了令人震惊、极端恶劣的连环爆炸案。事发当天15时9分，抚州市公安局在新浪微博发布消息称：政府即将召开新闻发布会，有关详情请看官方网站公布消息。但据《东方早报》27日报道，原定26日16时召开的新闻发布会不了了之，部分前往采访的记者受到抚州方面的检查，至少有3家媒体的记者与执勤人员发生冲突，一些记者的相机、手机遭没收。抚州市公安局在新浪微博回应说：收缴记者物品是因其不配合现场指挥，不出示记者证。后经核实身份，将所有物品归还了记者本人。而在抚州市政府门户网站上，并没有任何与爆炸相关的新闻发布。由此可见，在舆情发酵期，抚州市政府没有做好媒体服务，未能全力配合记者采访，导致负面舆情不断上升。

五、联动合作机制

当今互联网时代，信息容量无限，传播载体无形，发布主体多元，技术日新月异，网络信息内容监管难度不断加大，传统思维和管理模式已难以奏效，加之网络信息管理和舆情引导涉及多个政府职能部门，光靠宣传部门显然独力难支，因此需要建立网络应急管理联动机制，使信息内容管理、技术安全管理同步推进，及时发现重大敏感舆情，迅速作出正确有效处置。

突发事件发生后，政府应急办应立即启动联动合作机制，在设立新闻中心的同时，将与事件处置工作有关的同级党政部门和本地主要媒体、网站联合起来，加强彼此间的信息交流，统一新闻发布口径，切实减少因信息渠道条块分割、各自为政导致的信息重复冗余、缺失疏漏、相互矛盾等现象。

联动合作机制可采取事件信息交流会、重大舆情会商会、处置情况通报会、舆情引导碰头会等多种形式；也可同时邀请主要媒体和网站参加，将党政部门的联动合作机制与政府和媒体的互动机制结合起来，努力实现政府议题、媒体议题和公众议题的有机融合，牵引舆情朝着有利于事件处置的方向发展。

六、责任追究机制

问责有利于避免舆情升级和事态扩大，维护党委政府的形象和威信。2009年6月30日，中共中央办公厅、国务院办公厅印发了《关于实行党政领导干部问责的暂行规定》，在问责的6种情形中，包括“对群体性、突发性事件处置失当，导致事态恶化，造成恶劣影响的”情形。2009年在网上网下造成恶劣影响的河南灵宝市打工仔王帅发帖举报家乡政府征地不补偿被捕事件、湖北巴东县服务员邓玉娇刺死对其非礼官员事件和石首市厨师涂远高坠楼身亡引发大规模冲突事件、河南新密市农民工张海超疑患职业尘肺病而开胸验肺事件和郑州市规划局副局长逯军质问记者“准备替党说话还是替老百姓说话”事件、重庆市高考少数民族成份加分作弊事件等，涉事官员均被问责，公众怨愤得以化解，从而树立了勇于担责、有错则改的负责任政府形象。

在突发事件舆情应对预案中，要根据中央有关文件精神，明确界定相关部门和个人的责任；事件发生后，各部门和个人要各司其职，各负其责；事件处置结束后，要及时总结评估，进行责任追究。对舆情应对工作中忠于职守、认真负责、处置有力的单位和个人给予表彰奖励；对迟报、漏报、误报、谎报、瞒报重要舆情，擅自发布未经核实的信息，闪烁其词糊弄社会关切，封锁现场阻挠记者采访，造成恶劣影响的，追究当事人和领导者责任。其实，我国许多地方都已经出台了相关问责规定。如2009年12月1日深圳市推出的《新闻发布工作办法》规定，对新闻发布工作的“不作为、不及时、不规范、不准确”行为进行问责；2010年4月9日重庆市宣布，如果新闻发言人说“无可奉告”，所在部门或区县发生突发事件不及时回应，或者出现其他推诿行为，将追究责任。

为了更好地落实责任追究制度，政府不妨将舆情处置纳入各单位年度工作考评。有了绩效考核机制，能够影响“官帽”，才不会让相关工作流于形式。

七、总结评估机制

突发事件处置结束后，要认真总结评估事发前、事发中、事发后三个阶段的舆情特征和应对效果。要坚持“主体独立、态度客观、内容规范、公众参与”的原则，采用定性与定量相结合的方法，详细分析和全面评估整个事件特别是关键节点的舆情应对措施及成效，深刻总结经验教训，研究舆情生成机理，掌握舆情处置规律，并据此充实更新舆情数据库、案例库和新闻发布口径库，修改完善突发事件舆情应对预案，不断改进方式方法，提高质量效率。

具体来说，要根据不同阶段建立不同的评估模型和指标体系，给出数据和结论。事发前的评估主要是检验舆情预警机制是否完善，是否提前预测到事态发展；事发中的评估主要是印证事发过程中采取的舆情应对措施是否及时有效，哪些环节存在不足或没有达到预期效果；事发后的评估主要是考量社会认可度、涉事政府部门形象受损程度及如何修复等问题。作为重要衡量指标，事后评估可为接下来的声誉修复提供决策参考。

对重大突发事件舆情应对优秀案例，可安排专业人士深入调查研究，总结推广经验，以点带面，提升政府应对舆情的整体水平。

八、人员培训机制

目前，有不少地方政府在媒体应对上存在诸多不足：或是把媒体当摆设，很少更新的“沉睡网站”，体现媒体意识的淡薄；或是躲避媒体，“杞人忧钴”“响水逃城”等事件，暴露引导手段的缺失；或是害怕媒体，视媒体为“挑刺找茬”的麻烦源，“捂、瞒、骗、拖、压”五字诀时有出现，“防火防盗防记者”心态屡有所闻；或是滥用媒体，视之为文过饰非的工具，为某些地方和单位的违规行为“背书”。

特别是2009年微博崛起以来，官员不能适应微博舆论的网络事件屡屡出现。如江苏省溧阳市卫生局原局长谢志强，在2011年3月注册了微博“为了你5123”，和网名为“Y珍爱一生Y”的有夫之妇微博传情。2011年6月20日，这一来一去的微博“打情骂俏开房门”成了网络谈资，引来万众围观。原来，谢志强是一位“网络菜鸟”，误以为刚注册的微博是QQ那样的私人聊天空间，导致“相约开房”的肉麻情话外泄，丢掉局长职务。这个极端的例子以一种别样的方式凸显了领导干部媒体素养的缺失，特别是对新媒体、新技术的应用存在“本领恐慌”。

自我国政府新闻发言人制度建立以来，从中央到地方都经常举办针对新闻发言人的各种专题培训，但媒体素养的提高不应局限于新闻发言人群体，要树立全员培训的观念，把培训范围扩大到所有党政干部，尤其是基层部门和单位的一把手。因为，他们都是突发事件舆情应对工作的主体，其与媒体打交道的能力，直接影响到舆情引导效果。当前，网络化工作、网络化生活已成为常态，不懂网用网，就不可能融入网络、驾驭网络。做运用现代传媒新手段新方法的行家里手，是党政干部增强执政能力的必然要求，是推进政府治理能力现代化的题中之义。这就迫切需要各级官员树立互联网思维，摸透网络传播规律，掌握网民喜爱的表达技巧和沟通方式，做到驾轻就熟地应用新媒体，让它及时传递党和政府的声音，激发正能量，化解负效应。

加强公务员媒体素养的教育培训，必须创新内容和方式，提高针对性和实用性。除了常规的专业知识传授、新闻发布演练，应更多采用“解剖麻雀”的案例式、“参与处置”的体验式教学，使学员能够在不长的时间内掌握舆情应对常识和技能。广东在这方面做了有益探索。如2010年12月笔者主撰主编的广东第一本突发事件舆情应对案例选编《舆论博弈》，借鉴哈佛大学案例研究和撰写方法，以记者眼光看问题，以报道手法写事件，以政策精神作参照，以法治理念为指针，对近年来广东10起重大突发事件舆情应对案例作了深入剖析，从中可发现共通之道：及时准确发声，跟踪研判舆情，滚动发布信息，巧妙设置议题，有效服务媒体，善用舆论监督，监控有害信息……该书已被省委领导推荐为省委党校培训教材，深受党政干部和企事业单位人员喜爱。为此，建议党校、行政学院为领导干部开设舆情应对能力培训课，党政部门邀请专家学者和实际工作者作专题讲座，或派人到高校接受教育，到媒体挂职锻炼。

第二节　保障机制

一、法律保障机制

法律规章的设立通常落后于被规范对象的发展，在突飞猛进的媒体行业特别是日新月异的网络空间尤其如此。目前，我国相关法律法规仍不够健全，如现有的《突发事件应对法》并没有对突发事件新闻报道和舆情引导的责任、权利和义务作出明确规定，有关网络信息的管理法规也不够全面具体，缺乏操作性和约束力。应在此基础上尽早出台相关法律法规，让政府、媒体、公民的相关言行既可受到法律约束，又能得到法律保护。

一是要加快制定《信息法》。信息公开立法既保护公民知情权，也保护媒体信息传播权。因此，这项立法应同时对政府、媒体、公众的权利与义务加以规定，任何一方违反规定都要承担法律责任。从世界上其他国家的先进实践来看，不仅美国有《信息自由法》《阳光法案》，法国、日本、韩国、意大利、加拿大、澳大利亚等国也有专门的信息公开法。在我国，经历2003年春非典疫情等突发公共事件的冲击与洗礼，通过学术界和新闻界的不断呼吁，最终出台了《政府信息公开条例》，并于2008年5月1日起实施。这部条例无疑是一种零的突破，但仍然停留在政府制度设计的范畴，因此应当在此基础上制定《信息法》，依法保护公众和媒体的知情权，明确政府信息公开与保密的内容、标准和边界。

二是要及时完善《保密法》。现行《保守国家秘密法》于1988年9月5日颁布，2010年4月29日修订，同年10月1日起施行。修订后的《保密法》兼顾“保密”和“公开”这两种价值，通过保密制度的科学设定，为便于信息资源合理利用创造了条件。但该法对于保密范围的规定仍显宽泛和笼统，如未明确规定什么是国家秘密、什么是公开项目，限制了《政府信息公开条例》等法规的充分实施，应当加快修改完善步伐，或制定配套的实施条例，为处理好信息公开与保密的关系提供强有力的法律支撑。

三是要尽早出台《网络法》。依法管网是各国惯例。德国政治家常挂口头的一句话是：“不能让互联网成为没有法度的空间。”2012年5月12日，英国总检察长多米尼克·格里夫接受英国广播公司电台采访时警告推特用户：“互联网不是法外之地，倘若再胡乱发帖，将毫不犹豫采取法律措施予以制裁。”老牌西方国家政界人士的警告表明，任何国家的言论自由都不该突破公序良俗，不能超越法律边界；法律是净化网络空间，减少造谣、攻击、谩骂、污蔑等网络情绪型负面舆论的有效保障，要为网络社会设定底线和约束。目前我国网络立法比较滞后，如2000年9月国务院出台的《互联网信息服务管理办法》、2012年12月全国人大常委会审议通过的《关于加强网络信息保护的决定》、2013年9月最高人民法院和最高人民检察院联合发布的《关于办理利用信息网络实施诽谤等刑事案件适用法律若干问题的解释》等，因相关规定不全面，且多是原则性、方向性的规定及相关司法解释，法律效力较弱，使得网络违法犯罪认定原则笼统、量刑较轻、打击力度不够；对如何确保信息安全流动、新闻网站有无采访权等方面的立法还是空白。而美国关于网络安全的法律法规已有130多项，如早在1995年6月就通过了《传播净化法案》，随后又制定了《通信传播正当行为法》《联邦禁止利用计算机犯罪法》《计算机安全法》《电子通信隐私法》《未成年人互联网保护法》《1998年儿童在线隐私保护法》《统一电子交易法》等法律法规；德国制定了《电子签名法》《电信服务法》《青少年媒体保护国家合同》等多部网络管理法律，规定网站对用户所发内容先行审查，删除可能产生争议的敏感言论或图片；法国相关法律规定，对发布违法言论的网民最高可判4.5万欧元罚款和1年监禁。我国可借鉴国外经验和做法，结合本国实际，尽快制定《网络法》，为发展健康向上的网络文化、做好突发事件网络舆情应对、维护公共利益和信息安全提供法律依据，让互联网成为治国辅政、凝聚共识的助手，而不是谣言盛行、搅乱社会的推手。同时，应研究建立一套符合中国国情的科学规范、便捷有效的网络用户身份认证体系，使眼下推行的微博实名制升级为网络实名制；制定个人信息保护法、未成年人网络保护法、网络电子签名法、网络舆论监督法等专门法律。

二、人才保障机制

突发事件舆情传播迅速、瞬息万变，只有及时搜集、分析和上报舆情，才能为处置工作赢得宝贵时间。这就需要从业者必须具有较高的综合素质，如要有较强的洞察判断能力、调查研究能力、统筹协调能力、服务大局能力，同时还要有渊博的知识、过硬的新闻素养和高度的责任感。因此，想要打造一支政治过硬、业务精通、舆情敏感性强、善于跟媒体打交道的专业队伍，就必须加大人才培养和引进力度。除了提高现有队伍的能力和水平，重用德才兼备、实绩突出的干部外，还要对那些政治素质良好、专业知识丰富、采编能力较强的媒体在职人员，尤其是一些长期在党报党刊党台工作、拥有丰富实践经验、具备较强文字功底和对政府工作比较熟悉的优秀媒体骨干，采取事业单位选聘或公开选调等方式，引进党政部门工作，成为党委政府与媒体沟通协作的重要力量。如美国白宫新闻发言人，绝大多数都有媒体从业经验，谙熟媒体应对的“道”与“术”。可借鉴江苏扬州的做法，探索政府雇员制，吸引高、精、尖媒体专业人才为党委政府效力，推进党政机关新闻施政能力建设。

此外，要大力引进精通外语或少数民族语言的人才。互联网络无国界。突发事件发生后，一些使用外语的境外网站或使用少数民族语言的网站会迅速介入。如，2009年新疆“7·5”打砸抢烧严重暴力犯罪事件发生之前，在“维吾尔在线”“清风网”等网站上发布的有关新疆民族历史文化的帖子使用了维吾尔语言，事发后境外媒体的报道和评论大都使用外语。因此，培养造就多语种的网络人才队伍迫在眉睫。

三、经费保障机制

经费支持是推动突发事件舆情应对工作高效化、现代化和科学化的有力保障。这项工作所需经费主要有三方面：一是日常开支，包括办公经费、人员工资等；二是设备购置与维护，包括电脑、打印机、通讯工具、舆情监测技术等投入；三是专项业务经费，包括活动、培训、会议、课题研究、应急处置等支出。